本书是国家民委人文社科重点研究基地"西北民族地区政府□□□心"和北方民族大学青年人才培育项目（2023QNPY10）系□□□□

经管文库·管理类
前沿·学术·经典

快速城镇化地区
外来人口市民化研究

RESEARCH ON THE CITIZENIZATION OF
MIGRANT POPULATION IN RAPID
URBANIZATION AREAS

李先锋 著

经济管理出版社
ECONOMY & MANAGEMENT PUBLISHING HOUSE

图书在版编目（CIP）数据

快速城镇化地区外来人口市民化研究 / 李先锋著 . — 北京：经济管理出版社，2022.12
ISBN 978-7-5096-8889-2

Ⅰ . ①快… Ⅱ . ①李… Ⅲ . ①城市—外来人口—研究—中国 Ⅳ . ① C924.24

中国版本图书馆 CIP 数据核字（2022）第 248597 号

组稿编辑：杨国强
责任编辑：杨国强
责任印制：黄章平
责任校对：张晓燕

出版发行：经济管理出版社
（北京市海淀区北蜂窝 8 号中雅大厦 A 座 11 层　100038）
网　　址：www.E-mp.com.cn
电　　话：（010）51915602
印　　刷：唐山玺诚印务有限公司
经　　销：新华书店
开　　本：720 mm × 1000 mm/16
印　　张：12.5
字　　数：238 千字
版　　次：2022 年 12 月第 1 版　　2022 年 12 月第 1 次印刷
书　　号：ISBN 978-7-5096-8889-2
定　　价：98.00 元

序

改革开放以来，我国经历了世界上速度最快、规模最大的城镇化进程，城镇化的飞速发展推动了经济、社会等各方面的发展，城镇化率从1979年的17.9%快速增加至2020年的63.89%，年均增长高达1.29%，同期城镇常住人口从1.72亿人增长至9.02亿人。与此同时，快速城镇化也存在着外来人口难以融入城市、市民化进程滞后等现实问题。

中国的快速城镇化是一种"压缩型城市化"。珠三角地区是我国快速城镇化最为典型的地区，也是典型的"压缩城市化"地区。改革开放以来，珠三角地区利用丰富而廉价的土地和大量涌入的劳动力资源吸引了大批的劳动密集型工业。外来农村剩余劳动力的流入，不仅为珠三角地区城市的产业发展、企业经营带来廉价的劳动力，也成为珠三角城镇发展的主要人口来源，导致珠三角城镇规模快速升级。"压缩型城市化"将西方国家过去二三百年的城市化过程"压缩"了，比西方在"自然演进"状态下所需要的时间要短得多，造成了人口城市化、空间城市化在时间和空间上的不一致状况，这种不一致表现为快速城镇化与人口市民化的不同步。

中国城镇化出现福利化转向。改革开放40多年来的城镇化发展动力正面临转换，即粗放式的城镇化发展模式将面临改革。当劳动力短缺日益制约经济发展时，对劳动者的关注会越来越多地直接体现在政府的政策取向上，劳动者的住房、医疗、教育等公共服务需求将成为城市政府政策及财政支出的关注重点。特别是2008年全球金融危机后，户籍制度下原有城乡福利的分割逐步打破，土地征收制度改革使城乡之间的福利差距缩小，全社会的社会保障制度逐渐完善。近年来，地方政府日益重视公共服务均等化在推进市民化过程中的作用，通过提供教育、医疗等公共服务保障外来人口能够享受和城市本地居民均等的权利。因此，外来人口市民化过程中公共服务的保障日益成为学者和政府重点关注的内容。

影响外来人口市民化的因素是多方面的，既有外来人口的个体因素，也有政策制度因素。本书从地理学的空间入手，论述了外来人口对具有明显的地理空间特性的学校、住房和医院等公共服务设施的需求及其在市民化过程中的作用，为市民化研究提供了一种新的视角和研究思路。

　　积分入户和积分入学是珠三角地区推进外来人口市民化的首创和有益探索。本书通过对东莞的实证研究，发现积分入户和积分入学是外来人口为获取城市公共服务并实现市民化的重要途径。积分入户是基于城乡二元户籍制度下外来人口实现市民化的标志，积分入学是基于公共服务实现市民化的一项重要特征。外来人口可以通过积分入户的方式获得流入城市的户籍，从而获取和户籍居民同样的权益、基本福利和社会保障，逐渐融入城市，逐渐完成市民化；积分入学通过获取流入城市的教育服务，从而解决了外来人口的子女和父母不能在一起的问题，实现了以家庭方式迁移到城市，对外来人口的家庭迁移有着重要意义。

　　本书是李先锋博士学习、科研积累沉淀的成果，其先后参与城镇化、市民化、劳动力等方面的多项课题研究，进行了深入扎实的调研，踏遍了珠三角九市各县，访谈了百余个企业、政府单位和村社，在调查中发现问题，在数据中发掘规律，值得我们学习。

　　是为序。

李　邠

前　言

    我国40多年的城镇化经历了西方国家所经历的二三百年的城市化过程，城市发展进程被大大"压缩"了，呈现出不同于西方国家的城市化特征，极为显著的是出现了外来人口市民化与快速城镇化不同步的问题，这种不同步在城市空间中反映为城市政府提供的公共服务供给不能满足大量外来人口涌入而产生的公共服务需求。因此，本书聚焦空间维度，基于公共服务视角研究外来人口市民化，以探讨快速城镇化地区城市外来人口市民化的特征和机制。

    学校、医院、住房是为满足外来人口在城市中解决随迁子女入学、就医和居住等需求，由城市政府直接或间接提供的教育、医疗和居住保障等公共服务的地理空间载体，其公共服务供给与需求在城市空间的分布差异将直接激励和约束外来人口市民化过程。本书基于公共服务视角研究外来人口市民化，有利于丰富现有市民化研究内容，也为社会学、人口学、经济学等领域对市民化的研究提供一个典型实证案例。

    本书运用东莞市人力资源和社会保障局、东莞市新莞人服务管理局等部门提供的外来人口数据库全样本数据、24家企业实地调查访谈资料和问卷调查资料，通过计量回归模型和定性研究相结合的研究方法，以快速城镇化地区东莞为例，基于公共服务视角对外来人口市民化的特征与机制展开深入研究，重点关注城市中公共服务的供给与需求对外来人口市民化的影响，并对外来人口市民化在城市空间上表现的分布差异进行解释。

    首先，本书借鉴"压缩型城市化"的理论观点，提出快速城镇化与人口市民化存在发展不同步的问题，从公共服务供给与需求角度出发，尝试构建基于公共服务视角的城市外来人口市民化分析框架。

    其次，运用统计分析数据，对当前东莞外来人口的规模、结构与分布的时空变化特征进行分析，根据外来人口在东莞居留（以下简称为"留莞"）时间分析外来人口随留莞时间推移在人口结构与行为特征方面出现的变化，讨论外来人口的时空变化及对公共服务需求的影响。然后，基于公共服务的视角，重点关注积分入户和积分入学两项外来人口市民化途径，分析两项外来人口市民化途径存在的时空特征差异，对学校、医疗和住房三项公共服务的供给与需求进行分析，对政策约束下基于公共服务的外来人口市民化的成本进行综合测算。

最后，通过回归分析等定量方法，从个体因素（年龄、性别、婚姻等）、政策制度、空间因素（产业经济状况、公共服务条件）三个方面探讨外来人口市民化的影响机制，并结合东莞实际提出具有针对性的市民化对策。

本书主要研究内容：①改革开放以来，快速城镇化地区大量外来人口涌入造成城市空间公共服务供给与需求的不同步，本书认为外来人口市民化的关键是实现公共服务的供给和需求与城市空间相匹配。②东莞外来人口的规模波动、结构转变及空间分布变化引起外来人口公共服务需求变化，深刻影响公共服务设施在城市空间中的布局和配置。③外来人口在流入地城市居留时间对市民化有重要影响，随着在流入地城市居留时间的推移，外来人口的结构特征和行为特征有明显差异，带眷比例高、夫妻同在东莞（以下简称为"在莞"）的比例高、收入高、工作稳定等特征具有相对较高的市民化可能性，家庭式迁移有助于外来人口本地市民化的实现。④积分入户和积分入学是外来人口为获得公共服务实现市民化的两种主要途径。积分入户和积分入学在空间上的差异主要源于城市公共服务在空间分布上的不均衡；积分入学是外来人口实现随迁子女在本地入学，推动外来人口市民化进程的重要环节。⑤外来人口市民化受到个体因素、政策制度因素以及空间因素的共同影响，学校、保障住房和公共医疗卫生等公共服务设施作为重要空间载体对外来人口市民化的影响显著。

本书创新点：①基于公共服务视角，强调从地理学的空间入手，突出具有明显地理空间特性的学校、住房和医院三项公共服务设施空间载体的作用，尝试构建了快速城镇化地区外来人口市民化分析框架。②本书发现，积分入户和积分入学是外来人口为获取城市公共服务并实现市民化的重要行为与途径。外来人口倾向选择积分入学而非积分入户使随迁子女获得本地教育公共服务，积分入户和积分入学在空间上的差异主要源于城市公共服务在空间分布的不均衡。③通过分析年龄、性别、学历等人口结构特征与外来人口市民化的关系，深化了现有研究的个体影响因素特征。

目　录

第一章

绪　论

第一节　研究背景与意义

一、我国城镇发展进入新型城镇化阶段

改革开放以来，我国经历了世界上速度最快、规模最大的城镇化进程，城镇化的飞速发展推动了经济、社会等各个方面的发展，城镇化率从1979年的17.9%快速增加至2020年的63.89%，年均增长高达1.10%，同期城镇常住人口从1978年的1.72亿人增长至2020年的9.02亿人。与此同时，快速城镇化也存在着外来人口难以融入城市、市民化进程滞后等现实问题。随着我国经济步入新常态阶段，在我国快速城镇化地区，城镇化进入以提升质量为主的转型发展阶段。

2014年，国务院《政府工作报告》中提出"推进以人为核心的新型城镇化"，随后《国家新型城镇化规划（2014—2020年）》明确提出"紧紧围绕全面提高城镇化质量，加快转变城镇化发展方式以人的城镇化为核心，有序推进农业转移人口市民化"，强调有序推进农业转移人口市民化，统筹推进户籍制度改革和基本公共服务均等化。现阶段，抓好农业转移人口落户，推动城镇基本公共服务覆盖常住人口已经成为市民化工作的重点，以便使进城外来人口特别是农民工共享发展的成果。

二、人口流动的规模与结构步入调整期

城镇化是农村人口和劳动力向城镇转移的过程。在农村的"推力"因素和城市的"拉力"因素共同作用下，我国大量农业转移人口从乡村迁移到城市，乡村的人口迁移是城镇化快速增长的重要原因之一。2008年全球金融危机后，中国经济步入新常态，我国的人口流动与迁移也出现新的变化。

一方面，我国人口流动的规模出现下降。根据《中国流动人口发展报告2017》，从2015年开始，全国流动人口规模开始下降，2016年全国流动人口

规模比 2015 年减少了 171 万人；我国人口跨省流动的比例开始缓慢下降，而省内跨市流动的比例缓慢上升。另一方面，人口刘易斯转折点出现引发劳动力供给减少和人口老龄化加剧的问题（蔡昉，2010），也出现了农村外出劳动力回流加剧和新生代劳动力成为中坚力量等变化（段成荣和马学阳，2011；杜志威和李郇，2017），这些变化改变着城市外来人口的结构与就业行为。此外，全球化、技术进步影响着产业经济变化，造成了产业转移、转型升级、"机器换人"等系列变化，对外来人口的规模与结构变化也产生了深刻的影响。

三、公共服务均等化是市民化的重要内容

随着中国人口红利逐渐趋减和土地财政来源的萎缩，改革开放 40 多年以来的城镇化发展动力正面临转换，粗放式的城镇化发展模式将面临改革。当劳动力短缺日益制约经济发展时，对劳动者的关注会越来越多地直接体现在政府的政策取向上，劳动者的工资、住房、医疗、教育等公共服务需求将成为城市政府政策及财政支出的重要关注点，中国城市化已经出现福利化转向（李郇，2012）。《国家新型城镇化规划（2014—2020 年）》将基本公共服务均等化放在重要位置，明确指出"统筹推进户籍制度改革和基本公共服务均等化"。因此，实现外来人口（或农业转移人口）市民化的关键就是实现城镇常住人口基本公共服务均等化（吕炜等，2008；吴业苗，2010；韩俊，2012；魏后凯和苏红键，2016）。

当前，珠三角经济发展模式从外向型、劳动密集型、资源粗放消耗型等向以人为本、创新驱动转变，特别是 2008 年全球金融危机后，户籍制度下原有城乡福利的分割逐步被打破，土地征收制度改革使城乡之间的福利差距缩小以及全社会的社会保障制度更加完善。近年来，地方政府开始重视公共服务均等化在推进市民化过程中的作用，通过提供教育医疗等公共服务保障外来人口能够享受和城市本地居民均等的权利。因此，外来人口市民化过程中的公共服务是学者和政府关注的重点内容。

四、问题提出及研究意义

（一）问题提出

改革开放以来，我国城镇化发展迅速。随着城镇化向新型城镇化转变，尤其以珠三角地区为代表的快速城镇化地区，城市在不断转型和重构。在过去，农村人口可以通过"离土不离乡和自理口粮进城"的方式进入城市务工，使得农村大量剩余劳动力流入城市，形成城乡之间大规模且持续的人口流动。但这些城市中的外来人口处于低工资和城市偏向性的福利体制的状态，不能分享城

市的基本公共服务和福利，快速城镇化地区的城市在发展中出现了外来人口市民化与快速城镇化不同步的问题。

当前，我国原有的快速城镇化模式在土地、劳动力、能源等供给层面出现瓶颈，成本不断上升，城市发展面临土地、能源、社会容量、环境容量四个方面的"难以为继"，快速城镇化地区的"要素推动"发展模式已不可持续。在新型城镇化发展背景下，城市发展方式比过去40年更加注重城乡居民的公共服务需求等福利，更加关注城市中的外来人口的市民化。关于外来人口（或农业转移人口）市民化的相关研究已有丰富成果，主要关注社会空间分异和社会融入（李志刚和顾朝林，2011；任远和邬民乐，2006），人口市民化的水平和程度（王桂新等，2008；刘传江，2009；魏后凯等，2013），人口市民化的生活、教育、社会保障、住房和基础设施等方面成本研究（张国胜，2009；丁萌萌和徐滇庆，2014），以及人口市民化及社会融入的意愿等方面的内容（张国胜，2009；刘晔、刘于琪和李志刚，2012；苏丽锋，2017）。

现有研究已经从个体属性、社会经济、政策制度等方面对外来人口市民化过程及其意愿进行了较为深入的探讨，需要指出的是，地理空间因素也可能影响外来人口市民化，特别是对外来人口市民化与迁入地公共服务设施空间配置关系的探讨还比较欠缺。

基于此，本书以快速城镇化地区东莞市为例，基于公共服务的视角，通过构建快速城镇化地区外来人口市民化的分析框架，在分析东莞外来人口变化特征的基础上，重点探讨快速城镇化和外来人口市民化的特征与机制，尝试回答以下研究问题：

（1）为什么我国的快速城镇化与外来人口市民化存在发展不同步问题？如何从公共服务的地理空间视角理解外来人口市民化？

（2）如何解释外来人口市民化在时间和空间上所表现的差异特征？教育、居住和医疗等公共服务在空间上的分异对外来人口市民化造成什么影响？

（3）个体、空间、制度等因素如何影响快速城镇化地区的外来人口市民化？基于东莞公共服务的现状与需求分析，可以提供怎样的针对性策略？

（二）研究意义

本书基于公共服务的视角，以快速城镇化东莞为研究对象，通过构建快速城镇化地区外来人口市民化分析框架，研究东莞外来人口市民化的特征与机制，研究具有一定的理论意义和现实意义。

随着我国城镇化不断快速发展，在快速城镇化地区，城市中外来人口市民化问题引起了政府和学界的重视。本书以快速城市化的典型地区东莞为研究对象，重点探讨东莞外来人口市民化问题，基于已有理论研究，从公共服务的视角构建快速城镇化地区外来人口市民化的分析框架，阐释快速城镇化地区外来人口市民化的特征与机制。本书为外来人口市民化问题研究提供一个新的视角，也为市民化研究提供一个典型案例。

2018年全球金融危机以后，快速城镇化地区社会经济和人口发展出现一系列新变化，城镇化发展方式也转向以人为核心的新型城镇化发展。党的十九大提出，加快农业转移人口市民化，积极推进城镇基本公共服务由主要对本地户籍人口提供向对常住人口提供转变，推动基本公共服务均等化。本书侧重于从地理空间视角，探讨公共服务空间对外来人口市民化的影响，并关注不同时间节点下外来人口市民化的行为和空间的变化，研究结果将为推进新型城镇化特别是人口市民化提供研究经验和参考依据，为推进城镇高质量发展提供政策指引。

第二节　概念界定与研究设计

一、概念界定

（一）外来人口

"外来人口"是相对于"本地人口"而言的，通常指没有本地户口的外来人员。外来人口的主体是城市中的外省市进城务工人员，虽然他们像本地户籍居民一样在城市工作、居住、生活，却不能享受城市本地居民同等的公共服务和社会福利，在"身份"上仍为外来人口。农民工是中国特殊户籍制度的产物，农民工通常也与（来自农村的）城市外来人口同义替代使用（王桂新、沈建法和刘建波，2008）。

由于统计口径和统计指标的差异，当前对外来人口的研究中，外来人口、暂住人口、外来农业转移人口、外来农民工等概念有相互替代使用的现象，本书统一将非东莞户籍地的人口视为外来人口。

（二）公共服务

公共服务为城市政府依托公共设施由政府直接或间接为公众提供的公共服务或设施（黄勇，2013；杨沫，2017；周毕芬，2013；吴业苗，2011）。《国家新型城镇化规划（2014—2020年）》中明确提出，农村迁移人口应享有随迁子女受教育权利、公共就业创业服务、社会保障、基本医疗卫生条件和住房保障等城市基本公共服务的内容。

参考"公共服务"相关概念的界定（见第二章中的"市民化与公共服务"），本书将公共服务的范围界定为城市外来人口在居住地享有的随迁子女教育服务、就业服务、社会保障、基本医疗卫生服务和住房保障等内容。结合东莞实地调研和访谈了解实际状况，本书侧重于研究外来人口市民化过程中外来人口关注较多的随迁子女教育、社会保障性住房、医疗卫生三项公共服务。而且，这三项公共服务具有明显的地理空间特性，与本书的研究视角相符合。

（三）市民化

本书认为市民化是外来人口进入城市从事非农产业后，以城市作为公共服务的空间载体，在城市中逐步获得城市公共服务的过程。

与社会学、人口学、经济学等领域的关注点不同，本书的市民化强调从公共服务视角研究外来人口市民化。在城乡二元结构体制下，制度制约下的城市公共服务供给不能满足大量外来人口涌入而产生的公共服务需求，影响并制约着外来人口市民化的过程，因此，市民化的本质是公共服务供给与需求在城市中的空间匹配过程。另外，公共服务设施是公共服务在城市中的地理空间载体，公共服务作为一种空间要素，如何促进或阻碍城市发展过程中外来人口市民化进程，是从地理学角度研究外来人口市民化的重要内容。

二、研究思路与方法

（一）研究思路

本书基于公共服务视角，关注快速城镇化地区的外来人口市民化，以快速城镇化地区珠江三角洲地区的东莞为案例，运用定量回归分析、定性调研访谈和问卷调查相结合的方法，对外来人口市民化的时空特征、外来人口市民化的途径、外来人口市民化的影响机制进行研究，并提出外来人口通过获取和享用城市的公共服务而实现市民化的对策建议。

首先，本书在对城市发展与城市化、人口迁移与流动、人口市民化等研究综述的基础上，尝试从地理空间视角解释我国快速城镇化过程与人口市民化过程，并基于公共服务的视角，从产业经济转型、政策制度安排和人口结构转变三个方面分析外来人口市民化的影响因素，以城市政府供给和外来人口对公共服务的需求匹配为重点，构建快速城镇化地区外来人口市民化的分析框架，统领本书的分析与研究思路。

其次，在分析东莞外来人口规模和结构时空变化的基础上，对东莞外来人口留莞时间和空间分布特征进行研究。从规模、结构、时间和空间分布四个方面，系统梳理东莞外来人口时空变化特征，探讨当前东莞外来人口公共服务需求的变化及影响。

再次，运用东莞市人力资源和社会保障局、东莞市新莞人服务管理局提供的外来人口样本数据，分析积分入户和积分入学两种市民化途径的基本特征，结合实地调研和资料分析，从教育、住房、医疗、文体服务设施方面探讨东莞公共服务的供给与需求情况，并结合东莞实际情况对政策约束下基于公共服务的市民化成本进行测度。

最后，运用多元回归分析和访谈调研的方法，收集整理相关调查问卷和资料，分别从个体因素、政策制度因素、空间因素三个方面对影响外来人口市民化的因素和机制进行分析，重点关注公共服务在城市空间的差异，剖析影响东莞外来人口市民化的影响机制，结合东莞的教育、居住、医疗卫生等公共服务需求，提出具有针对性的策略与建议。

（二）研究方法

（1）统计分析法。通过对研究对象的规模、速度、程度等数量关系的分析研究，认识和揭示事物间的关系、规律和趋势，借以达到对事物的解释和预测的一种研究方法。本书在东莞外来人口规模、结构与分布的时空特征，东莞外来人口市民化特征以及公共服务及设施现状等部分的研究中，利用统计年鉴数据、部门采集数据进行了深入的分析研究。

（2）回归分析。回归分析描述的是一个或多个自变量的变化如何引起因变量变化的一种定量分析方法。在地理学研究中，回归分析和相关分析是常用的分析技术，主要被用于回答一些定义明确的数值变量之间的关系问题（陈彦光，2011）。本书在研究外来人口市民化的影响因素时运用了回归分析研究方法，以寻求对引起变化的相关因素进行解释。

（3）定性研究方法。定性研究主要用于探索性地解释事物和现象发生的原因，可以进一步帮助理解和解释定量研究的结果。通过实地访谈，采用结构化访谈提纲，对相关部门、企业和外来人口进行访谈，对外来人口的行为特征、公共服务需求及影响因素、积分影响因素、政策制度影响内容等进行访谈，了解东莞外来人口的变化现状、变化的原因和影响因素；针对各个企业，对经济产业变化、政策制度影响等进行深入调查了解，进而把握经济产业变化和政策制度对外来人口变化的影响；通过对出租屋租赁登记情况、公共服务设施利用情况的访谈，把握市民化过程中外来人口对公共服务设施的需求。

（三）数据来源

本书研究的数据和资料主要包含四个方面的来源：一是收集相关年份《东莞统计年鉴》中公布的官方统计数据；二是通过联系相关职能部门获取的统计资料和文字材料；三是通过对外来人口进行的抽样问卷调查获取的数据；四是通过对企业座谈和调研获得的一手材料。

1. 官方统计数据

本书使用的外来人口数据主要来源于2000～2018年的《东莞统计年鉴》

及年鉴中相关年份的经济统计数据（如 GDP、三次产业结构、工业总产值、各行业从业人口等）。上述数据获得渠道主要通过查阅东莞市统计局网站，或查阅相关统计年鉴的纸质版材料。主要用于东莞外来人口特征分析、外来人口市民化影响机制分析等。

2. 相关职能部门提供统计数据

笔者于 2015～2018 年分别对东莞长安镇、虎门镇和洪梅镇等政府职能部门进行访谈，涉及统计办公室、经济科技信息局、人力资源分局、新莞人服务管理中心、工商分局、住房规划建设局、国土分局等部门，获取镇街层面年度工作报告、年度综合统计报表、企业用工备案数据、制造类企业新增与注销名单等数据和文字材料。

一是东莞市新莞人服务管理局提供的数据。东莞市人力资源和社会保障局下属的新莞人服务管理局提供的外来人口全样本数据（时间跨度为 2008～2016 年，有登记信息的人数为 1380.1 万人），包含性别、户籍、年龄、在莞时长、职业、来源地等信息，其中，数据信息完整的外来人口的样本总数为 29.15 万人，用于外来人口留莞时间阶段的统计分析。

二是东莞市人力资源和社会保障局提供的劳动力数据和缴纳社保情况数据。本部分数据来自东莞市人力资源和社会保障局提供的 2012～2017 年外来劳动力统计数据，包括劳动力的性别、年龄、来源地、学历、技能水平等个人信息及参保历史信息、所在行业单位信息等。该部分数据用于东莞外来人口就业结构和技能分析及离莞外来人口的时空特征分析。

三是通过与中国移动通信集团广东有限公司东莞分公司（以下简称东莞移动通信公司）合作采集手机信息大数据。根据研究需要设计采集信息方法，由东莞移动通信公司大数据组采集相关基础信息。东莞移动通信市场监控中心大数据组提供 2015 年 2 月的 16715676 个手机用户数据，用于分析东莞外来人口分布与周边省区的联系。

四是东莞市新莞人服务管理局提供的积分入户和积分入学样本。其中，积分入户样本数量为 18972 个，时间跨度为 2010～2015 年，主要涉及年龄、性别、籍贯、学历、所在镇街、个人投资情况、个人房产情况和连续居住时间年限等指标；积分入学样本数量为 15268 个，时间跨度为 2012～2015 年，样本所记录内容为所录取入学儿童的父母的登记信息，涉及的指标包括年龄、民族、性别、籍贯、学历、所在镇街、在莞务工年限、连续居住时间年限、个人投资情况等。该部分数据主要用于外来人口市民化过程中积分入户和积分入学行为分析及影响机制研究。

五是东莞市教育局、原东莞市卫生和计划生育局（现东莞市卫生健康局）、东莞市住房和城乡建设局、东莞市新莞人服务管理局等部门提供的2008～2017年的教育、医疗卫生、住房等相关数据。用于公共服务及设施现状、外来人口公共服务提供及需求分析。

3. 问卷调查数据

外来人口市民化行为特征研究采用抽样问卷调查进行，调查时间为2015年4月至2016年11月，分别在东莞长安镇、茶山镇对外来人口进行问卷调查。此次调查共发放问卷1000份，回收问卷902份，其中有效问卷872份，有效问卷率为87.2%。通过甄别外来人口调查对象，对调查对象进行面对面的问卷访谈，调查内容主要涉及与外来人口市民化过程密切相关的带眷、居住、就业和入户行为。其中，带眷行为关注其配偶、父母和子女在莞生活和居住情况，以及其子女是否在接受本地教育；居住行为关注当前居住方式（单位宿舍、在外租房、自购房等）和在东莞本地购房的情况；就业行为关注其在莞务工目的、从事行业类型和工资收入水平；入户行为关注其是否将户口迁入东莞的选择和原因，以及长期留莞的意愿。该部分数据用于外来人口市民化行为特征和影响机制研究。

4. 部门和企业访谈资料

笔者先后对东莞24家企业进行调查访谈，第一次访谈的时间为2015年4月，主要是围绕东莞外来人口流动和市民化进行调研；第二次访谈的时间为2016年7～11月，围绕城市发展、经济转型与"机器换人"进行调研。访谈共涉及长安、虎门、常平、塘厦、厚街、茶山、望牛墩、大朗、洪梅等镇街，共访谈企业24家，包含电子、五金模具、家具、制衣、食品、玩具、机械制造七大类企业。同时对东莞市科学技术局、东莞市机器人产生协会等部门相关同志进行了访谈。访谈过程中积累的一手调研材料有助于支撑对典型镇街案例的分析，以更好地总结和归纳外来人口市民化特征与影响因素。

三、研究区域概况

东莞位于广东中南部，珠江口东岸的珠江三角洲，毗邻港澳，处于广深经济走廊中间。东莞全市面积为2512平方千米，辖32个镇街（含28个镇、4个街道），有"世界工厂"称号。2020年末东莞全市户籍人口为263.88万人，全市常住人口1048.36万人，其中，城镇常住人口966.06万人，城镇化率为92.15%（截至2020年11月1日），是快速城镇化和快速工业化的典型城市。

东莞是我国快速城镇化地区的一个缩影。改革开放以来，东莞人口规模从1978年的111.23万人激增至2020年的1048.36万人，成为继广州、深圳之后，广东第三个常住人口1000万以上的人口大市。自1953年第一次全国人口普查以来，东莞常住人口总量呈持续上升的态势，2000 年、2010 年、2020 年三次全国人口普查人口增量分别为 491 万人、129 万人、225 万人，增量均在 100 万以上，人口规模不断扩大。东莞户籍人口与外来人口比例严重倒挂，1990 年，东莞外来人口与户籍人口的比例约为 1∶2。2000 年以来，东莞外来人口占东莞总人口的比重基本维持在 76% 左右。截至 2020 年 11 月，东莞常住人口中，流动人口为 795.22 万人，与 2010 年第六次全国人口普查相比，增加 146.08 万人，增长 22.50%，其中，外省流入人口为 619.35 万人，省内流动人口为 175.87 万人。大量外来人口涌入东莞，虽然实现了职业和空间的转换，但无法实现身份的转变，无法同等地享受城市提供的公共产品与服务，从而处在半城市化状态（Lin，2006）。

党的十八大明确提出，要坚持走中国特色新型工业化、信息化、城镇化、农业现代化道路，推动信息化和工业化深度融合、工业化和城镇化良性互动、城镇化和农业现代化相互协调，促进工业化、信息化、城镇化、农业现代化同步发展。党的十八届三中全会再次强调：完善城镇化健康发展体制机制，坚持走中国特色新型城镇化道路，推进以人为核心的城镇化，推动大中小城市和小城镇协调发展。《国家新型城镇化规划（2014—2020 年）》指出，我国人口发展所坚持的原则：以人为本，公平共享。要做到合理引导人口流动，有序推进农业转移人口市民化，稳步推进城镇基本公共服务常住人口全覆盖，不断提高人口素质，促进人的全面发展和社会公平正义，使全体居民共享现代化建设成果。在此基础上，《广东省新型城镇化规划（2014—2020 年）》提出：按照"自主自愿、因地制宜、循序渐进、保障基本，激励与基本保障并举"的原则，分地区、分阶段、多模式的市民化路径，稳步解决外来务工人员和全省农业转移人口的市民化问题。

东莞作为国家新型城镇化综合试点城市，先后出台农民工子女积分入学、积分入户政策，建立城乡统一的户口登记制度政策，着力推动基本公共服务常住人口全覆盖。因此，以东莞为例，基于公共服务视角探讨快速城镇化地区的外来人口市民化问题能为新时期我国城镇化可持续发展和市民化推进提供重要参考和借鉴。

第二章
从城市化到市民化研究的演进

第一节　城市发展与城市化

一、城市化与城市增长

城市是先进生产技术积累的场所（Lucas，2002），城市发展是从低生产力到高生产力的变化过程，城市化是农村剩余劳动力向非农业的工业部门和服务业部门转移的过程（王宏伟、袁中金、侯爱敏，2003），研究者普遍认为，技术进步带来的生产效率提升是城市增长的主要动力来源，技术进步决定了城市和社会发展的阶段性特征，技术进步对经济增长的推动将间接影响城市发展（Borchert，1967；Berry，1995；Barras，1987）。

城市化① 是指人口在城镇相对集中的过程，但其实质是经济、社会和空间结构的变迁过程。许学强、胡华颖（1988）认为，城市化过程既包括人口由从事农业活动转向非农业活动，并趋向集中的过程，也包括城市文化、价值观念向农村扩展的过程。森川洋、柴彦威（2007）认为，城市化主要是农村居民的生活方式向城市生活方式的转变。Pacione（2009）定义的城市化包含三个过程："Urbanization" 意味着城市人口占总人口比重的增加；"Urban Growth" 指城镇的人口增加；"Urbanism" 指城市生活的社会和行为特征的扩展。由上述城市化代表性的概念分析可以看出，城市化是资本、技术、人口等要素和产业活动向城镇聚集的空间过程，具有重要的空间特征。

当前，国内外研究理解城市增长大多是从经济学领域出发，卢卡斯（2001）认为，城市就是经济增长的发动机，城市经济增长率由资本深化程度、技术进步率和人力资本的增长率共同决定。奥沙利文（2007）认为，城市增长包括经济增长和就业增长两方面：第一，经济增长可以被视为城市平均工资的增长；

---

① 本书中有城镇化与城市化互相替代使用情况。

第二，就业增长可以被视为城市总就业人口的增长。国内研究者林树森（2011）将城市增长理解为投资和人口增加引发的基础设施、公共产品和城市规模的增加，认为城市发展不仅包括城市基础设施、公共产品和城市规模的增加，还包括城市的管理体制、经济结构、公共服务水平等城市整体的经济社会变动过程。

二、城市增长的动力解释

城市增长的基本动力解释主要源于经济学的研究，区域或地方增长的因素和动力机制历来是新古典主义和凯恩斯主义重点关注的内容（Borts & Stein，1964；Williamson，1965）。在新古典增长模型中，城市增长取决于三个主要要素（见图 2-1），即劳动力、资本存量和技术进步，其中技术进步被视为关键要素，长期直接影响劳动生产率的提高（Armstrong & Taylor，2000）。新古典主义认为，区域内空间差异将逐步减少，最终走向经济趋同并达到均衡（Martin & Sunley，1998）。新古典主义理论认为，区域间的增长差异源于主要生产要素如科技进步、资本或劳动力之间关系的不同，人口增长、人力资本和技术进步等要素之间是互不联系的。因此，新古典主义理论被称为外生性增长理论。新古典主义模型建立在健全的市场机制和完全理性的假设基础之上，生产要素中的资本和劳动力流动完全不受限制，可以任意流动并流向获得最高投资回报的地区（派克等，2011）。因此，市场调节机制使资本、劳动力能够不受限制地自由流动，单位劳动力占有资本低的地区与单位劳动力占有资本高的地区相比，通常有较高的资本回报率和较高的增长率，并最终带动区域走向趋同（Barro & Sala-i-Martin，1995）。

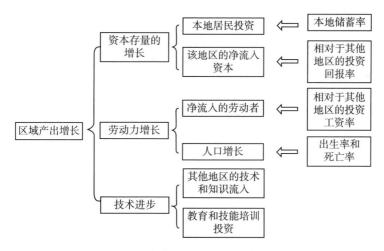

图 2-1　新古典增长模型的主要影响因素

资料来源：Armstrong 和 Taylor（2000）。

与之相反，凯恩斯主义的区域发展理论运用新古典主义的方法得出相反的结论。Martin 和 Sunley（1998）认为，如果任由市场力量进行自由调节，将产生空间上的不均衡。凯恩斯主义的核心是卡多尔（1970）提出的收益递增理论，其强调建立在收益递增基础上的增长过程具有积累效应，快速增长地区逐渐掏空周围其他地区而不断自我强化其专业化优势（Armstrong & Taylor，2000）；缪尔达尔（1957）关注增长过程中累积效应和自我强化以及由此产生的地区间非均衡发展，并提出累积因果理论。缪尔达尔指出，"回波效应"是发达地区对优质生产要素的占有并以牺牲落后地区的发展为代价，使发达地区的增长得到了强化；与此同时，资金、劳动力和技术由中心地区向外围地区的流动形成"扩散效应"，"扩散效应"使落后地区可以从发达地区的增长中受益。

基于累积因果理论的增长极理论解释了极化现象的形成，Hirschman（1958）研究指出，通过促进不同部门及企业之间的潜在联系，由此产生集聚经济将推动增长中心或增长极的形成，以实现本地的增长。佩鲁（1950）认为，增长并非同时出现在所有的地方，它首先出现于一些增长点或增长极上。布德维尔（1966）进一步指出，增长极在经济活动中的极化必然导致地理空间上的极化。Hirschman（1958）在《经济发展战略》一书中提出相似的观点，并运用"极化效应"和"涓滴效应"概念解释了区域发展不平衡的现象，增长极产生的向心力使周围地区的生产要素流动到核心地区，形成"极化"现象，同时，通过生产要素的流动，增长极也会对周围地区产生促进和带动作用。因此，在工业化时期，主导产业部门可能在少数经济条件优越的区位率先成长起来，区域性"增长极"的形成通过"回波效应"或"极化效应"得以完成。

在上述理论研究的基础上，弗里德曼（1966）用带有区域性的空间结构分析区域经济发展，其利用"核心—边缘"模型揭示城市增长与收缩的机制，"核心区"是区域中资本和资源集聚中心，其余周围地区构成"边缘区"，核心区对边缘区起着支配作用；随着社会经济不断发展，核心区扩散作用进一步增强并带动边缘区的发展，边缘区形成次级核心，甚至取代原有的核心区占据控制地位。

制度主义对地方与区域发展的理论产生了重要影响，制度环境和制度安排的不同，表明地方和区域的技术进步能力不同，进而决定了地区之间经济发展的差异（Martin，1999）。Amin 和 Thrift（1994）提出了"制度厚度"的概念，地方体制结构的不同能左右地方或区域经济的起步、发展轨迹及适应能力（Martin & Sunley，1998）。Amin 和 Thrift（1994）从四个关键要素对制度厚度下定义：第一，强烈的制度存在，包括企业、金融制度、发展机构、地方当局、商业协会、研究与创新中心等；第二，各种制度间产生高度的相互作用，促进相互交流、合作及反射网络的形成；第三，制度厚度取决于主体结构，通过联合建构和集体存在，将部门和制度之间的冲突降到最低；第四，上述三方面导致一种涵化和集体动员，使各部门围绕特定的议程、项目或共同目标，形成共同感这些因素的结合反映了地区的制度厚度的程度与性质。"制度厚度"与区域发展的关系有三种观点：一是"厚而有效"，即制度厚度促进区域发展，典型的如意大利的 Santa Croce、德国的 Baden-Wuerttemberg；二是"厚而无效"，例如瑞士的 Jura、苏格兰等发展案例；三是"薄而有效"和"薄而无效"，例如英格兰的运动车谷就是一个"薄而有效"的经济成功的例证（Henry & Pinch，2001；Raco，1997；吕拉昌和魏也华，2005）。

　　以内生经济增长理论为代表的新增长理论，关注技术进步和变革所带来的经济增长，基于"内生发展模式"的新增长理论为研究城市增长与发展提供了理论分析框架。内生增长理论（见图 2-2）认为，科技进步是经济增长的原因，它是经济增长的内生因素而不是外生因素，内生增长理论明确地阐明地方或区域经济增长过程中技术进步与创新和增长的关系，"由于对知识所产生的超额利润的追逐，经济领域的前沿技术将会自动地迅速扩散"（Martin & Sunley，1998；Armstrong & Taylor，2000）。而传统的新古典增长理论将人口增长、人力资本和技术变革等生产要素作为外生增长要素来看待（派克等，2011）。

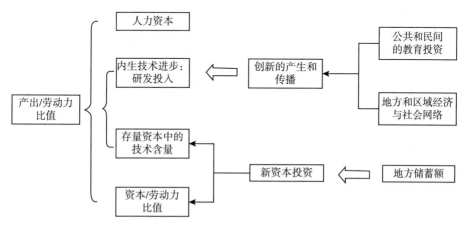

图 2-2　内生增长理论

资料来源：摘自 Armstrong 和 Taylor（2000）。

　　以罗默（1986）的《递增收益与长期增长》和卢卡斯（1988）的《论经济

发展机制》作为内生增长理论的标志。索罗－斯旺（1956）的新古典增长理论模型最具代表性，其将资本和劳动力作为经济增长的内生变量，探讨经济长期增长的影响因素，由于边际报酬递减，资本和劳动力收敛于不变的增速，稳态增速由技术进步和创新决定，该理论成为理解经济增长的基本工具。在解释实现经济长期增长的路径上，卢卡斯（1988）强调外部性是由人力资本造成的，人力资本的外部性有助于提高所有生产要素的生产率，表明经济增长的源泉是人力资本的积累。罗默（1986）指出，知识是厂商进行投资决策的产物，这使得知识成为内生性变量；同时，知识具有溢出效应，任何厂商增加的知识都可以提高全社会的生产率，使得知识溢出能够解释经济的长期增长。与上述两个模型的完全竞争假定不同，罗默（1987）假定经济不完全竞争，将研究与开发（Research & Development，R&D）引入增长理论框架，从而奠定了内生技术进步的微观研究基础。内生增长理论研究者均认为技术进步是实现经济增长的决定性因素，他们根据各自的模型，研究实现技术进步的相关要素，包括知识积累、边干边学、人力资本积累等（Romer，1987；Romer，1990；Grossman & Helpman，1991；Young，1993；Lucas，1990）。

弗里德曼（2002）在内生增长模型的基础上，提出用城市的"内生式发展模式"来解释城市的增长，"内生式发展模式"是从地方的内部力量引导全球性的区域参与，通过提升区域内创造财富的资本复合体（包括人力资本、文化资本、智力资本、社会资本、环境资本等）的质量，力求鼓励创新和实现转型增长，这种内生发展思想从中世纪的汉斯狄克联盟到现在的欧洲城市组织都得到实证（Friedmann，1972）。因此，弗里德曼的内生增长理论为珠三角经济发展和城市增长提供了新的理论指引，传统的依靠自然资源、廉价劳动力和污染环境来实现增长的发展模式已不可持续，必须考虑从外生增长模式向内生增长模式转变，要基于区域和城市自身资源、能力和技术进步的"内生式发展模式"实现城市增长，而不是依赖外来资本、外来投资和廉价劳动力的"外生增长模式"实现城市增长。实现内生式增长的动力应依靠技术进步与创新，特别是依靠人力资本积累增加、科技进步和创新来促进经济增长，从而实现地区和城市的转型增长。

三、快速城市化研究

改革开放以来，中国的城镇化创造了世界范围内的"增长奇迹"，人口城镇化率实现了年均超过 1% 的增长，人口大规模从农村转移到城市成为中国快速城镇化的重要动力。

在中国改革开放进程中"先行一步"的珠江三角洲是中国 1978 年后引

进外资较早、数量较多和较成功的地区之一，它已成为中国对外开放的楷模（杨春，1997）。珠三角地区城市化水平由 1980 年的 27.4% 上升到 1993 年的 42.2%，比广东省高出 14%，比全国高出 22%。

迄今为止，学术界尚未有统一的理论框架来解释珠江三角洲的"增长奇迹"。低廉土地价格和劳动力要素成本形成比较优势、国家及地方政府通过制度创新产生的政策激励等常常作为珠江三角洲地区快速工业化和快速城镇化机制的主要理论解释。

珠江三角洲是我国快速城镇化最为典型的地区，其显著特点是农村城镇化（许学强，1992；阎小培和刘筱，1998）。现有研究对珠江三角洲城镇化的解释有两种代表性的观点：一是薛凤旋和杨春（1998）提出了"外向型城镇化"，认为"珠江三角洲的城镇化是外资驱动的城镇化"，大量外资涌入珠三角，经济发展、劳动力需求的激增导致大量的外来人口和经济活动流向本地城镇。珠三角地区城镇建设用地不断扩大（黎夏和叶嘉安，1997）。二是在乡镇企业发展的推动下形成了"自下而上"的农村城镇化（阎小培和刘筱，1998；许学强，1988）。乡镇企业的发展为城镇建设与发展提供了资金来源，加速改善了城镇居民的居住条件、商业设施以及城市基础设施和公共服务设施。Enright 等（2005）指出，珠三角地区对于中国的重要性超过它的经济表现，它既是改革的试验田，又为中国其他地区改革提供了经验和教训。

改革开放以来，珠江三角洲利用丰富而廉价的土地和大量涌入的廉价劳动力资源形成了比较优势（王缉慈等，2001；许学强和李立勋，2006）。借助国际产业转移机遇，吸引主要来自我国香港、台湾的劳动密集型工业大规模向珠江三角洲转移（薛凤旋，2000）。李郇和徐现祥（2011）的调研数据显示，20 世纪 90 年代中期，我国大约有 80% 的香港厂商在珠三角投资建厂，随后中国台湾、日本及欧美国家的企业基于珠三角的比较成本优势，也纷纷到珠三角投资办厂。20 世纪 90 年代末，香港贸易发展局针对在内地的港商的调查显示，有 90.2% 的香港投资商选择内地投资是因为"劳动力充足和工资较低"，75.3% 的被调查者选择"土地租金便宜、厂房较易获得"。由此，珠江三角洲地区外源型村镇工业迅速扩展，吸引了大批外来人口到珠三角就业务工，为珠三角区域内的基础设施建设、技术与管理人才的培育发挥了积极作用（许学强，1988；阎小培和刘筱，1998）。

珠江三角洲地区的乡镇企业发展和外资企业投资设厂也为珠江三角洲地区创造了大量的就业机会，薛凤旋和杨春（1995）指出，珠江三角洲地区的乡镇企业发展和外资企业投资设厂，吸引了大量本地的农村剩余劳动力转移到城镇就业；当本地的农业剩余劳动力转化为非农业劳动力仍不能满足所需劳动力需求时，高劳动报酬吸引大批内地劳动力从外地迁入。同时，基于比较成本优势而流入珠江三角洲的外资主要流入劳动密集型产业，大量外来民工的涌入使得企业维持了劳动力低成本的竞争优势，进而促进地方劳动力市场的成长发育（黄朝永和甄峰，2000；王缉慈等，2001）。李郇（2000）的调查研究显示，20世纪 90 年代珠江三角洲一般劳动力的工资在 600～800 元 / 月，香港劳动力的工资大概是其 10 倍；东莞工厂的租金一般是 10 元 / 平方米，大大低于香港的水平。因此，大量的外来农村剩余劳动力的流入，不仅为珠三角地区城市的产业发展、企业经营带来廉价的劳动力，也成为珠三角地区城镇发展的主要人口来源。1986 年，珠三角地区约有 185 万外来务工人员，1988 年达到了 320万人（周大鸣，1992）。许学强和李郇（2009）研究指出，20 世纪 90 年代初，珠三角地区已成为我国外来人口迁入量最大的地区，大量的外来迁移人口涌入导致珠三角大量城镇规模突然升级。

珠江三角洲的快速城镇化离不开制度因素的影响。制度因素作为影响区域发展和塑造空间经济的重要因素，强调不同制度环境下经济活动空间演化及社会调节与治理机制（Martin，2000）。舒元等（2008）认为，珠江三角洲地区经济增长是一个地方政府实践和中央政府扶持相结合的诱致性制度变迁过程。沈建法、冯志强和黄钧尧（2006）指出，珠江三角洲地区的城镇化进程中，"市场拉动"和"政府推动"的双重动力机制发挥着重要作用，即珠三角城镇化过程中地方的自发主动作用与国家行政主导作用并存。因此，解释珠江三角洲地区城镇增长的制度因素需从中央和地方两个层面进行分析。

首先，国家政策是珠三角地区城镇化最主要的外生因素，城镇化动力背后的激励始终是政策（许学强和李郇，2009）。国家的改革开放政策催生了"三来一补"（来料加工、来件装配、来样加工和补偿贸易）经济，家庭联产承包责任制解放了农村劳动力，户籍政策制度的放松推动了农业人口转移等，因此，国家政策直接推动珠三角地区的城镇化进程。并且，国家层面依据经济发展需要对城市建制标准的调整等改革，使得珠三角地区城市迅速发展（薛凤旋和杨春，1995）。改革开放后，珠三角地区的农村区域推行以家庭联产承包责任制为主的系列改革，大大解放了农村生产力，大量农村剩余劳动力成为城镇人口规模持续增加的主要来源；1984 年，中央政府放宽户籍管理制度，允许农村剩余劳动力自带口粮进城经商或务工，形成了"进厂不进城，离土不离乡"的发展模式，用农村土地来作为流动人口的基本保障、用务工来提高流动人口的收入。李郇和徐现祥（2011）认为，国家设立经济特区后，进一步设立珠江三角洲沿海经济开放区，是中央政府从政策上对珠江三角洲地区农村城镇化道路的支持。

其次，地方政府的积极角色不仅是城市化的内生动力，而且也是外生动力得以实施的关键因素（许学强和李立勋，2006）。舒元等（2008）研究认为，改革开放后，中央政府的"放权"，使乡镇一级的政府成为地方经济的主要推动者，大规模的、以镇为单位的投资建设和生产规模扩大也推动了各种制度创新。李郇和徐现祥（2011）研究发现，乡镇政府能够直接指引和监督企业的发展方向，在财政上给乡镇企业更多的激励以实现对乡镇企业"放水养鱼"，将企业利益、管理者利益与地方政府的利益密切结合起来。同时，地方政府通过给予引入企业政策优惠、提高城市基础设施建设和城市规划水平，不仅改善了地方的投资环境，也促进了经济发展与财政投入的良性循环（舒元等，2008）。地方政府的利益驱动和企业机会主义行为促进了城市用地的快速拓展（邹德慈等，2004）。王缉慈等（2001）以东莞为例进行研究表明，地方各级政府在给予引进外资企业特殊政策、建立具有活力的经济运行机制、提供高效周到的政府服务、加快基础设施建设投资等方面发挥了积极作用。

第二节　人口迁移的理论解释

一、人口流动与迁移

人口流动与迁移问题是国内外学者长期关注和讨论的话题。传统人口流动相关研究认为（Puga，1998；Pons，2007），人口流动方向与工业发展、产业集聚的方向是一致的。20 世纪 60 年代以前，西方研究者将人口迁徙的动力归结于经济、社会、地理环境等因素，即人口迁徙的动力在于迁徙主体通过流动寻求更好的生存条件。Ravenstien（1880）研究了人口流动的特征，指出"人口流动以向近域、发达地区流动为主，大尺度流动以向城市集聚为主"。并且，Ravenstien（1880）发现，农村人口是流动主体，流动人口的流动具有一定规律，首先迁居到城镇郊区，随后再次移动，迁移定居到城镇内部；每一次人口迁徙都伴随着作为补偿的反向流动。随着研究的不断深入，代表性的理论主要是人口流动的推拉模型（Stark & Taylor，1986）和二元经济模型（Lewis，1954；Todaro，1976；Massey，1990）。

（一）"推—拉"理论

巴格内等提出的"推—拉"理论着眼于从迁移原因来分析人口流动，即研究移民迁出地与迁入地之间由自然环境和社会经济发展的空间差异形成的推拉力的外部机制，以及迁徙的移民个体差异的内部机制的一种理论与方法（林毅夫，2000）。Heberle（1983）认为，乡城之间的迁徙是由城市拉力和农村推力两种力量共同作用的结果，且对于迁徙行为而言，流入地的拉力较流出地的推力作用更大。Lee 发展了迁移理论，Lee（1966）认为，迁出地、迁入地、介入障碍和个人因素等是引起和影响人口流动的重要因素，并且在人口迁出地和迁入地的因素中存在两种不同的倾向，一是引起和促使人们迁徙，二是排斥和阻碍其迁徙，这两种倾向会产生不同的作用效果。人们是否迁徙取决于迁出地和迁入地正负因素的作用效果及个人的权衡与选择。

参照西方国家人口迁移和城镇化的经验发现，工业革命以后，城市工商业为外来移民提供了大量就业和务工机会；城市里有更多更好的发展和教育机会、较高的生活水平和生活质量等都构成了吸引农村人口向城市流动的拉力；而农业机器的使用、人均耕地减少、农村人口增长、受教育机会和发展前景受到限制等构成了农村人口外出的推力（李竞能，1992）。20 世纪 80 年代以后，以 Stark 为代表的迁徙理论者强调"家庭作为人口迁徙主体的重要性"（Stark & Taylor，1986），迁徙主体通过向城市迁徙来获得更高的报酬、更好的发展前景和下一代教育条件、更好的生活环境，并最终实现个人价值和利益的最大化。

（二）二元经济模型理论

二元经济理论代表人物刘易斯（1954）认为，在劳动力无限供给的条件下，将自给自足的农业经济和城市现代工业经济体系称为国民经济的二元结构；因为劳动生产率与劳动边际收益率差异的存在，导致了农业剩余劳动力的空间流动；并且，由于城市工业部门是国家经济增长的主导部门，也只有靠现代化的工业部门的发展才能吸收大量的农村剩余劳动力。

（三）迁徙预期收入

托达罗（1976）创新性地提出迁徙预期收入的概念，他从区域发展差异与个人决策等微观角度入手进行研究，在研究中增加了个人心理因素对迁徙的影响。托达罗认为，流动产生的动因是区域发展水平的差异，迁徙者决定迁徙的主要依据是收入能否提高，农村劳动力流向城市的决策是根据预期收入最大化的目标所做出的，这是促使人口流动的主要动力。因此，只要乡村与城市之间存在一定的经济收益差距，农村向城市的人口迁徙将持续进行。人口城乡之间的流动是由劳动力供需的空间差异引起的，古德曼（1971）指出，具有丰富劳动力资源的区域整体工资水平相对较低，而具有资本禀赋优势的地区整体工资水平相对较高，资源禀赋的空间差异导致了劳动力从低收入水平地区流向高收入水平地区。

上述研究对人口空间流动的解释，充分说明劳动力需求的空间差异和区域的生产力差异是人口流动的重要因素（Massey，1993）。二元经济模型理论及相关研究成果对发展中国家尤其是我国人口流动研究具有重要参考价值和重要的现实意义。

（四）人口流动与迁移的空间格局

人口流动与迁移作为地理学研究中重要的研究课题，户口状况作为判断外来人口是否临时迁移的重要标准（Goldstein，1991），可以将人口迁移分为临时迁移和永久迁移。其中，永久迁移指迁移者获得迁入地的户口并且不打算返回原居住地的迁移（Goldscheider，1987；蔡禾和王进，2007），临时迁移也称为"循环迁移"，指迁移者没有或者不打算永久改变常住地的迁移行为（Bale & Drakakis，1993；Hugo，1997；朱宇，2004）。杨云彦和陈金永（1993）研究发现，我国流动人口的迁徙由向人口稀疏地区进行开发性迁徙逐渐转变为向人口稠密区的集聚性迁徙，人口流动总体方向是从自东向西转变成自西向东。

改革开放以来，中国人口流动迁徙整体呈现出由农村劳动力丰富的河南、四川、安徽、湖南、江西、湖北等省向广东、江苏、浙江、上海、北京等沿海发达地区迁徙的鲜明特征（丁金宏，2005；Fan，2005）。迁徙率与迁徙距离负相关，与区域经济发展水平正相关；外来暂住人口迁徙以务工经商为主，户籍人口迁徙以毕业分配、工作调动为主（刘晏伶等，2015；王桂新等，2012；段成荣等，2013；赵梓渝等，2017）。

21世纪以来，随着我国中西部大开发、京津冀城市群的崛起和天津滨海新区开发、雄安新区建设等国家策略的实施，我国进入新一轮区域均衡发展阶段，经济发展重心北移，随之人口流动迁徙的格局也在发生改变（张善余，1990；李扬等，2015）。沿海发达地区对于流动人口的吸引仍保持着持续的集中特征和极化的趋势（段成荣等，2009；戚伟等，2016）；目前来看，人口流动整体上仍向沿海地区集中，但已呈现分散的趋势，由单向地向沿海集中转向多向集中流动的趋势，随着中部崛起、西部大开发及城市群的打造，人口流动已向多元集中流动变化（段成荣，2013；王春兰等，2014）。随着时间推移，国内人口流动迁徙正通过不断增强沿海发达地区的人口集聚、减少中西部地区的人口密度来重塑我国人口空间分布（李扬等，2015）；中西部的部分城市呈现出人口净迁入的特征，与此相对应的是大部分中西部省份的乡村和中小城市正经历着人口净迁出的损失（李扬等，2015；王宁，2016）。

二、人口流动与迁移的主要影响因素

（一）经济和就业机会

在大多数国家，经济和就业机会普遍被认为是人口迁移量和迁移模式的最重要决定因素（Lewis，1954；Todaro，1976），人口迁移往往被理解为增加收入或使家庭收入多样化的策略（Ortiz，1996；De Jong，2000；Adams & Page，2003）。蔡昉和王德文（2003）指出，迁入地的外商直接投资、迁移存量以及人均消费水平对人口迁移有正向作用；稳定的收入和良好的社会保障水平是影响流动人口做出永久迁移的原因（朱宇，2004；刘晏伶和冯健，2014；蒲英霞，2016）。流入地的社会、经济发展水平和外来人口在流入地的社会融合程度对人口户籍迁移意愿有显著的提升作用（王桂新、潘泽瀚和陆燕秋，2012；林李月和朱宇，2016），而相较于制造加工业的从业者，从事商业服务的人员和自主经营者有更高的户籍迁移意愿（李楠，2010；胡陈冲、朱宇和林李月，2011）。

（二）户籍制度

在我国，户籍制度一直以来是人口迁移研究及相关政策制定中关注的焦点（朱宇，2004），人口迁移主要表现为农民工本区域和跨区域的迁移（侯红娅等，2004；蔡禾和王进，2007）。而当前对外来人口入户迁移的行为和意愿的研究，绝大多数是利用问卷调查的方式进行的，通过询问被访者"愿意"和"不愿意"，但问卷内容和调查对象的差异导致在人口研究中，大多强调学历、年龄、性别等人口自然属性因素对于外来人口迁移所产生的影响。

一些学者通过实证研究认为，受教育程度和学历层次越高的外来人口，其入户迁移的意愿更为强烈（Emek Basker，2002；蔡禾和王进，2007），年龄对农民工迁移意愿会产生比较明显的反向作用，年龄越小的农村劳动力其城市化意愿越强烈（侯红娅等，2004；原新、王海宁和陈媛媛，2011），未婚人口比已婚人口更容易发生迁移（李强和龙文进，2009；王玉君，2013），而年龄和性别的差异对外来人口入户迁移的影响存在较大的争议（侯红娅等，2004；李强和龙文进，2009；张翼，2011；Fan，2007）。

家庭因素（包括家庭类型、家庭有无学龄子女、家庭集体分红收入等）对农民迁移意愿有显著影响（王华和彭华，2009），家庭式流动的外来人口其入户迁移意愿则更强，家庭迁移已逐渐成为流动人口迁移的主要趋势（周皓，2004；盛亦男，2013；冯长春等，2017）。

此外，住房条件和定居城市意愿呈正相关关系，住房支付能力和迁移意愿则负相关（熊波和石人炳，2007；董昕，2015）。

（三）社会保障

随着地理学的"制度转向"，对国家等制度的研究受到广泛的关注（Amin，1999），范芝芬（2007）认为，主流的迁移理论大都忽视了国家在国内迁移中的作用。户口与社会保障等制度因素对农民工就业选择有显著影响，积分制是迁入国促进移民融入的有效方式（Winkelmann，2000；Ahituv & Kimhi，2002），不过 Zhang 和 Song（2003）也指出，区位条件、迁移政策等非经济因素对人口迁移也有比较大的影响，但社会保障因素对农民工城市定居意愿的影响并不显著。此外，外来人口在迁入地工作和居住的时间越长，入户迁移的倾向性越高（任远，2006；刘晏伶和冯健，2014），在迁入地的住房条件和购房能力成为影响外来人口永久性迁移决策的关键因素（赵艳枝，2006；熊波和石人炳，2007）。另外，迁入地的社会网络、社会融合度等对外来人口入户迁移有积极的推动作用（Fan，2007）。

综上分析，可以将影响外来人口流动迁移的主要因素区分为宏观（社会—经济因素和制度因素）和微观（个人因素和家庭因素）两个层面。其中，宏观层面主要从迁入地的视角关注社会—经济因素（经济水平、收入情况等）和制度因素（户籍制度、基本公共服务、社会网络关系等）对外来人口入户迁移的影响；微观层面则关注外来人口的个人因素（年龄、性别、户籍、受教育程度、工作和居住时长等）和家庭因素（婚姻状况、携眷情况、购房能力等）等方面。

第三节　外来人口市民化

外来人口市民化是具有中国特色的概念，是指迁居城市的外来人口包括农民工在城市社会环境中逐步向城市居民转变的过程，其中包含了基本身份、就业类型、价值观念、行为和生活方式等方面的转化（王桂新、沈建法和刘建波，2008；魏后凯和苏红键，2013）。

市民化的相关研究涉及多个方面，包括人口市民化的内涵和程度（郑杭生，2005；王桂新、沈建法和刘建波，2008；刘传江和程建林，2009；魏后凯和苏红键，2013）、市民化程度和市民化的空间分布（刘锐和曹广忠，2014；闫东升、陈雯和李平星，2015；戚伟、刘盛和赵美风，2016）、人口市民化过程中需要政府承担的教育、社会保障、住房和基础设施等方面的成本等（张国胜，2008；丁萌萌和徐滇庆，2014），部分学者从收益预测对人口市民化成本进行评估，提出建立农业转移人口市民化成本分担机制（谌新民和周文良，2013；周春山和杨高，2015），分析市民化的意愿及影响因素，如年龄、性别、学历、收入、户籍、社会保障等宏观和微观层面的因素（张国胜，2008；刘晔、刘于琪和李志刚，2012；苏丽锋，2017；王桂新，2008），并提出针对推进人口市民化发展的路径（潘家华和魏后凯，2013；徐姗、邓羽和王开泳，

2016）。本节分别从外来人口市民化的定义与内涵、市民化与公共服务、外来人口市民化的影响因素等方面进行综述。

一、外来人口市民化

（一）市民化

市民化是学术界持续关注的研究问题。社会学和人口学视野下的市民化是从农民—市民的转换、传统向新型现代性转变的角度，对角色转换、生活方式、行为方式、工作方式和思维方式的市民化，赋权与增权，社会阶层流动、社会的融入等方面进行研究（郑杭生，2005）；经济学研究者强调职业和身份的转变，关注劳动力市场、收入与职业、生活方式、居住环境和福利的获取。地理学研究者关注人口迁移流动与城市移民、流动人口城市融入、居住空间分异、公共服务的均等化和福利的实现；不同学者所关注的研究对象有所差异，研究对象涉及农民（郑杭生，2005）、农民工（赵立新，2006；刘军，2006）、第二代农民工（刘传江，2006）、转移农民（黄祖辉、顾益康和徐加，1989）、城市外来人口（宁越敏和杨传开，2019）、城市新移民（李志刚、刘晔和陈宏胜，2011）等，不同学科领域的研究者对市民化的理解也不尽相同，如表2-1所示。

市民化主要内涵包括以下五个方面的内容：

一是社会身份的转变。杨风（2013）指出，农民市民化是人口城市化的地域（农村→城市）以及身份（农民身份→市民身份）的转变；刘传江和徐建玲（2007）认为，市民化的其中一层含义是社会身份由农民转变成市民。魏后凯和苏红键（2013）提出，市民化的第一个主要标志就是社会身份的转变，并指出当前农民虽被统计为城市常住人口，但其户籍依然是农村户籍，仍以农民工相称。

二是职业的转变。刘传江和徐建玲（2007）提出，市民化的其中一层含义是职业由次属的、非正规劳动力市场上的农民工转变成首属的、正规的劳动力市场上的非农产业工人。

三是思维、行为习惯的转变。刘传江和徐建玲（2007）指出，这一转变是农民工意识形态、生活和行为方式的城市化。杨风（2013）指出，市民化不仅是一般的外在的户籍身份转变，而且伴随着思维方式、价值观念、生活和行为方式的冲突与交融。

四是基本社会保障的获得。国务院发展研究中心课题组等（2011）认为，基本社会保障包括居民合作医疗、养老保险及其他社会保障等。冯俏彬（2013）进一步指出，基本社会保障还包括教育保障和住房保障。

表 2-1　不同学科领域代表性的市民化概念对比

研究领域	研究学者	概念	基本内容和内涵	研究对象
社会学、人口学领域	文军（2004）	从狭义的角度来看，农民市民化主要是指农民、城市农民工等在身份上获得作为城市居民相同的合法身份和社会权利的过程，如居留权、选举权、受教育权、劳动与社会保障权等。从广义的角度来看，农民市民化是指在我国现代化建设过程中，借助工业化和城市化的推动，使现有的传统农民在身份、地位、价值观、社会权利以及生产生活方式等各方面全面向城市市民的转化，以实现城市文明的社会变迁过程	从农民变为市民是一项复杂的社会系统工程，既要解决思想观念、行为方式等解决问题，又要解决提高生产生活质量和社会普遍参与权利的问题，还要解决提高高素质、社会参与度的问题	农民
	郑杭生（2005）	市民化是指作为一种职业的农民和作为一种社会身份的农民在向市民转变的进程中，发展相应的能力，学习并获得市民的基本资格以适应城市并具备一个城市市民基本素质的过程	市民化有两项基本内容：第一，农民群体实现从农民角色集中向市民角色的转型的同时，在角色转型的同时，通过外部"赋能"与自身增能，能够适应新市民。成为新市民，农民将实现生活方式的现代从个人层面来看，在这个过程中，农民将实现生活方式、思维方式和身份认同等同等方面的现代性转变	农民
	赵立新（2006）	农民工市民化是指离开原居住地半年以上并在城市务工经商的农民逐步向城市居民转化的过程，是农民工向城市居民身份的彻底转化	一是户口性质的变动，即由农村户口转变为城市户口；二是地域的转换，即由居住在农村社区转变为居住在城市社区；三是产业的转换，即由从事农业生产转变为从事非农业生产；四是文化的转变，即农民生活观念、思维方式、社会组织形态等方面的变化。其中，农民工生活观念、行为习惯、思维方式，行为习惯和社会组织形态的变化是农民工市民化的核心内容和最高评判标准	农民工

续表

研究领域	研究学者	概念	基本内容和内涵	研究对象
	刘军（2007）	市民化指的是进城农民工彻底割断与乡村土地和农业生产劳动的关系，在城市或城镇中固定居住、固定工作，并且取得了与城市市民相同的身份（城市户口），享受与城市居民相同的权益保障的过程	一是彻底割断了与农村土地和农业生产活动的制度关系，不再在城市与乡村之间游移不定；二是农业与非农产业之间游移不定，农业与非农产业之间游移不定，收入完全来自城市的工商业职业活动；三是在城市中拥有固定的住所和固定职业，三是取得了居住地城市市民户口；四是在就业、教育、医疗以及养老等方面享有与城市居民同样的权益	农民工
社会学、人口学领域	王桂新、沈建法、刘建波（2008）	市民化是指迁居城市的农民工在城市社会环境中逐步向城市居民转变的过程，也是中国特有城市化发展过程的后期阶段	农民工完成市民化的重要标志就是成为城市户籍居民，享受与城市户籍居民的同等待遇。从居住条件、社会关系、经济生活、政治参与、心理认同等维度考察城市农民工的市民化特征	农民工
	陈丰（2007）	市民化概念主要是指农民工、外来移民等获得包括城市户口在内的作为城市居民的身份和权利的过程，如居留权、选举权、受教育权、社会福利保障等	这一过程不仅包括思想观念、生活方式和行为方式的转变，而且还拥有和获得相应的社会权利，即农民工能够在社会权利方面享受与市民同样的公民待遇	农民工，外来移民
经济学领域	谢建社、张华初（2015）	农民工市民化是指农民工与城市户籍居民享有同等的福利待遇，即农民工的同城化，城市给农民工提供福利教育、医疗、公共卫生、医疗、公共服务工、公共卫生、就业扶持、社会保障和保障性住房等方面的公共服务	农民工市民化实质是公共服务均等化的过程	农民工

续表

研究领域	研究学者	概念	基本内容和内涵	研究对象
	刘传江（2007）	市民化是指离农务工经商的农民工克服各种服务和障碍最终逐渐转变为市民的过程和现象	它包括四个层面的含义：一是职业由次属的、非正规劳动力市场上的农民工转变为首属的、正规的劳动力市场上的非农产业工人；二是社会身份由农民转变成市民；三是农民工自身素质的进一步提高和市民化；四是农民工意识形态、生活方式和行为方式的市民化	第一代农民工
经济学领域	黄祖辉、顾益康、徐加（1989）	农村城市化的过程也就是农民市民化的过程。当然，农民市民化并不是指所有的农民都转变为城市居民，而是指转移农民的市民化	农民市民化的意义在于农民身份的转变，既应该从其收入水平、生活方式、居住环境、文化素质的变化来反映，又应该从整个社会人口比例与分布结构来反映	转移农民
	申兵（2011）	市民化是指农民在进入城市实现职业身份转变的基础上，实现居住地域、生活方式及行为模式转变的过程，即实现职业与社会身份的双转变	农民工实现社会身份的转换有两种途径：一是将其户口转为城镇户口；二是使城市原居民享有的公共服务覆盖农民工，获得城市居民的公共服务是农民工市民化的核心	农民工
地理学领域	宁越敏、杨传开（2019）	农业转移人口市民化的核心是推进基本公共服务的均等化	农业转移人口市民化的核心是获得基本公共服务，应包括：义务教育、一定标准的社会保障（养老、医疗等）、低收入群体的生活保障（生活补助、廉租房、公租房）等。外来人口在城市社会事务方面的参与、城市生活方式的适应、文化的融入等同样属于市民化的内涵	城市外来人口

续表

研究领域	研究学者	概念	基本内容和内涵	研究对象
地理学领域	吴先华(2011)	市民化是指农民在向市民转化的进程中，获得城市居民的身份和权利，如居留权、选举权、受教育权、劳动与社会保障权等，以及适应城市并具备一个城市市民基本素质的过程	市民化最明显标志就是获得所在地的城市户口及其相应的社会权利	农民
其他学科领域	国务院发展研究中心课题组(2011)	农民工市民化是指以农民工整体融入城市公共服务体系为核心，推动农民工个人融入企业、子女融入学校、家庭融入社区，也就是农民工在城市"有活干、有房住、有保障"	农民工市民化的过程实质是公共服务均等化的过程。在这个过程中，户口的转换是形，服务的分享是实。要通过逐步增加和不断完善农民工的公共服务，最终达到消除户口待遇差别的目标	农民工
	黄勇(2013)	农民工市民化是一个个人、市场、政府共同选择的结果，个人作为"经济人"，基于个人利益的考虑融入城市，市场在促进资源配置方面发挥基础性作用，其中包括劳动力资源，政府在市民化的过程中主要是提供各种公共服务	从政府角度讲，农民工市民化是政府为农民工提供公共服务，逐步实现农民工和城市居民平等享受公共服务的过程	农民工
本书		"市民化"界定为外来人口进入城市从事非农产业后，在与城市环境要素发生相互作用的推动下，以城市作为公共服务的空间载体，在城市居住、就业并逐步获得与城市居民均等的城市公共服务与福利的过程	市民化的实质是"人"的城市化，是外来人口在城市化过程中公共服务需求与福利不断实现的过程。本研究强调从地理学的空间视角入手，市居留、积分等逐步实现外来人口在城市市民化的行为及影响因素，来解释外来人口实现公共服务均等化的路径	外来人口

五是基本公共服务的获得。申冰（2012）认为，基本公共服务包括子女义务教育、公共卫生、计划生育和就业扶持；冯俏彬（2013）认为，公共服务的获得需要家庭融入社会公共服务体系，实现在城市"有活干、有学上、有房住、有保障"。

可见，现有文献对市民化的理解，认为市民化是在农业转移人口城市化进程中农民身份逐渐向市民身份转变的过程和状态，这种转变不仅表现为职业、身份、地域、权利等的转变，而且伴随着城市化过程中价值观念、思维方式、生活和行为方式的转变以及社会福利保障实现的过程。

关于市民化的认识主要有以下两类观点：

（1）认为市民化是农业转移人口由农民转变为市民的过程。尽管对转变的内容有认识上的差异，如刘传江（2006）指出，市民化是离农务工经商的农民工克服各种障碍最终逐渐转变为市民的过程和现象；田明（2013）认为，农业转移人口市民化是已经向非农产业转移的农村户籍人口，实现从业性质、社会身份、生存权益、保障体系等转变；王桂新、沈建法和刘建波（2008）指出，中国城市农民工的市民化涵盖了居住条件、经济生活、社会关系、政治参与和心理认同五个方面的特征；魏后凯和苏红键（2013）则认为，包括社会身份的转变、公共服务的全覆盖、经济生活条件的改善、政治权利的平等、综合文化素质的提高和广泛的社会认同六个标志，市民化首先是社会身份由农民转变成市民，其次是生产方式、社会权利和社会地位的转变，最后是意识形态、生活方式和行为方式的转变（刘传江和程建林，2008；谌新民，2013）。而且，外来人口市民化的最终目标是农民完全融入城市生活。

（2）文军（2004）提出，市民化最终使现有的传统农民在身份、地位、价值观、社会权利以及生产生活方式等各方面向城市市民的转化，以实现城市文明的社会变迁过程；周小刚和陈东有（2009）补充认为，农民工价值观念、思维方式、文化素质、行为习惯是农民工市民化内在的思想内涵；相征和赵鑫（2013）指出，市民化最终需要生活习惯、生活理念、受教育程度以及生产、生活方式等方面完全向城市市民转化。

（二）外来人口市民化

值得关注的是，市民化更强调是外来人口在城市化过程中公共服务需求与福利不断实现的过程（谢建社和张华初，2015；侯云春等，2011；杨沫，2017）。谢建社和张华初（2015）认为，农民工市民化其实质是公共服务均等化的过程；宁越敏和杨传开（2019）也有类似观点，认为农业转移人口市民化的核心是获得基本公共服务，同时认为公共服务包括义务教育、一定标准的社会保障、低收入群体的生活保障等；侯云春等（2011）提出，市民化实质上是公共服务均等化的过程；市民化过程中，户籍转换只是形式上的改变，基本公共服务的均等化才具有现实意义。我国特有的城乡二元分割，使得公共服务和户籍制度紧密联系，导致城镇化进程中，户籍制度仍然阻碍着外来农民工很难获得城市的保障性住房、社会保障和子女义务教育等公共服务，因此，外来人口享受公共服务的均等化，应该作为城市化的内涵给予重点考虑和推进（蔡昉，2010）。《国家新型城镇化规划（2014—2020年）》中明确了农村迁移人口应享有随迁子女受教育权利、公共就业创业服务、社会保障、基本医疗卫生条件和住房保障等城市基本公共服务的内容。

市民化是一个循序渐进的过程，王桂新（2006）较早将市民化过程划分为三个阶段：第一阶段为农村人口从农村地区迁出向城市集中化的阶段；第二阶段为常住化阶段；第三阶段则为农民工逐步获得城市户籍，真正实现向城市居民转变的市民化阶段。钟水映和李魁（2007）将农业转移人口市民化划分为"半市民化"（农村剩余劳动力转变为农民工）和"后市民化"（农民工逐渐转变为城市市民）两步。王海龙（2015）认为，流动人口市民化的过程需要经过城市对流动人口的单纯雇佣阶段、城市与流动人口逐步认同的磨合阶段和流动人口具有主人翁意识的融入阶段三个阶段。由此，外来人口市民化是一个循序渐进的过程，现有研究对市民化过程的阶段判别及时间节点尚无明确的分析。

此外，国内部分学者运用定量方法，对外来人口市民化程度进行了量化研究（见表2-2）。刘传江和程建林（2008）采用外部制度因素、农民工群体市民化进程和农民工个体市民化进程，并结合市民化意愿和收入差距两个指标，测算了第一代和第二代农民工市民化率分别为31.30%和50.23%；周密等（2012）运用需求可识别模型测算出新生代农民工平均市民化程度为73.00%；魏后凯和苏红键（2013）计算农业转移人口市民化程度综合指数，判断中国农业转移人口市民化的综合进程只有39.56%；邓晓艳（2019）从经济条件、社会地位、心理认同、政治参与、文化素质和居民认同六个维度运用综合评价法对农民工市民化程度进行测算，得出农民工市民化程度达到65.06%的结论。整体上看，由于评价方法、样本规模、研究区域差异等，市民化程度估算的结果差距较大。

表2-2　国内部分研究者对市民化程度的测度估算

研究者	研究区域	研究对象	测度指标	市民化程度
王桂新等（2008）	上海	农民工	居住条件、经济生活、社会关系、政治参与和心理认同	54.00%

续表

研究者	研究区域	研究对象	测度指标	市民化程度
刘传江和程建林（2008）	武汉	第一代农民工	外部制度因素、农民工群体市民化进程、农民工个体市民化进程	31.30%
		第二代农民工		50.23%
周密（2012）	沈阳和余姚	新生代农民工	市民需求、市民供给	73.00%
魏后凯和苏红键（2013）	全国	农业转移人口	身份转变、社会认同、政治权利、公共服务、经济生活条件、文化素质	39.56%
邓晓艳（2019）	沧州	农民工	经济条件、政治参与、社会地位、文化素质、心理认同和居民认同	65.06%

针对市民化的指标，学者们基于已有研究提出了不同类型的指标。刘传江和程建林（2008）提出了外部制度因素，农民工群体和农民工个体3个一级指标和12个二级细分指标；王桂新、沈建法和刘建波（2008）确定了市民化的5类一级指标，包括居住条件、经济生活、社会关系、政治参与和社会认同，以及10类二级细分指标；张斐（2011）在此基础上提出市民化的3类指标，包括经济因素、社会因素和心理因素，以及8类二级指标；魏后凯、苏红键和李凤桃（2014）提出了农业转移人口市民化的4类一级指标，分别为公共服务、经济生活、文化素质和政治权利，以及13个二级指标，分别为子女接受公办教育比例、签订劳动合同比重、城镇社会保险参与率、住房保障、月平均工资、自购住房或独立租赁比重、人均月消费支出、高中/中专以上文化人口比重、大专以上文化人口比重、工作技能水平、选举权与被选举权、参与社区管理和党团员中参加党团社区活动比重。

二、市民化与公共服务

（一）公共服务

界定和理解"公共服务"及"公共服务均等化"是研究外来人口市民化的逻辑起点。公共服务涉及面宽，内容涵盖多。中国（海南）改革发展研究院（2008）认为，公共服务是指建立在一定社会共识基础上，根据一国经济社会发展阶段和总体水平，为维持本国经济社会稳定、基本的社会正义和凝聚力，保护个人的生存权和发展权，为实现人的全面发展所需要的基本社会条件。对于公共服务统一的判断准则，目前学界还没有一个明确一致的看法。在国外相关研究中，城市公共服务和城市公共设施意义基本相同，均指由政府（直接或间接）为其公众提供并为所有人共享的服务和设施，可以互相替代使用（江海燕、周春山和高军波，2011）。

从已有研究文献看，城市公共服务主要包括两个方面：①就业、住房、社会保险、子女教育等制度性限制的公共服务；②交通基础设施、生活设施（生活用水、用电、通信设施等）、文体设施、医疗卫生（医院、卫生站、医师和床位数量等）等城市基本公共设施及相应服务（黄勇，2013；杨沫，2017；周毕芬，2013）。同时，城市政府的公共服务也包括公用设施、公共安全、消费安全、消防安全、环境保护等环境服务和国防安全等公共服务。目前，环境服务、安全服务、交通基础设施、生活设施、文体设施、医疗卫生等基本不存在对城镇非户籍人口准入限制问题，但依附于我国城镇户籍上的福利或公共服务包括就业扶持政策、教育、社会保障（包括最低生活保障和保障性住房）则存在着户籍歧视，是城镇居民由身份所获得的福利待遇（申兵，2012）。

周毕芬（2013）、周勇（2013）等认为，对农民工市民化影响比较明显的主要是就业服务、住房保障、子女教育、医疗卫生、社会保险等。常修泽（2007）认为，基本公共服务包括基本民生性服务、公共事业性服务、公益基础性服务以及公共安全性服务。曾红颖（2012）认为，基本公共服务包括公共教育、医疗卫生、公共管理、社会保障和就业、城乡社区、文体传媒、环境保护、公共安全以及交通运输九个方面。

公共服务均等化的研究理论基础是福利经济学和公共财政的特征。安体富和任强（2009）认为，公共服务均等化，或者说基本公共服务均等化的终极目标应当是使人与人之间所享受到的基本公共服务均等化。杨沫（2017）认为，基本公共服务均等化的含义是指具有相同公共需求的公民可以享受到大致相同的公共服务。吴业苗（2010）认为，农业转移人口公共服务均等化就是政府为农业转移人口提供基本的在不同阶段具有不同标准的最终大致均等的公共物品和服务，包括就业、住房、社保、文化娱乐等方面。张展新和王一杰（2014）认为，基本公共服务均等化是按照权利推进的市民化，从权利平等和迁移自由的意义上来实现完全的农民工市民化，有利于消除城乡户籍的巨大差别，农村人口的迁移和流动会更加理性和有序。不同的历史时期，由于生产发展和生活要求的不同，对社会的认识以及社会问题的理解深度也不同，对公共服务的要求也不同。

在影响公共服务均等化的障碍因素方面，已有文献进行了大量分析。吕炜和王伟同（2010）提出，以中国式分权以及以增长为核心的体制安排，在维持中国经济高速增长的同时，构成了阻碍政府服务性支出的体制性障碍。吴业苗（2013）认为，城乡二元体制是城乡公共服务一体化实践遇到的核心问题。申兵（2011）指出，以户籍所在地为基础的公共服务供给制度导致了跨省农民工的公共服务供给的障碍。韩俊（2012）指出，我国财政转移支付制度基本以各地户籍人口为依据，是目前福利体系中城市政府提供的公共服务具有排他性、与户口紧密联系的重要原因，需要公共财政体制的改革。黄琨（2011）认为，以户籍制度为根本，包括就业、社会保障、教育等构成的二元制度是阻碍农民工市民化的重要因素。

（二）市民化成本

实现外来人口市民化的重点是推进公共服务均等化，由此涉及地方政策的市民化成本。中国发展研究基金会（2010）指出，农民工市民化成本是指在农民工城市化过程中，政府、农民工个体在教育、医疗、社会保障、住房及基础设施等方面的最低资金投入量。国务院发展研究中心（2010）认为，农民工市民化的成本主要包括城市管理费用及住房、居民合作医疗、基本养老保险及其他社会保障费用、义务教育等。申兵（2012）以宁波为例测算农民工市民化成本，主要包括社会保障、公共卫生和计划生育、就业扶持、子女义务教育、住房条件改善等公共服务所需要发生的支出。冯俏彬（2013）认为，农民工市民化成本是指农民工个人融入企业、子女融入学校、家庭融入社会公共服务体系，实现在城市"有活干，有学上，有房住，有保障"，在这个过程中所发生的成本，主要包括随迁子女的教育成本、社会保障成本、保障性住房成本和就业成本。

研究学者基于公共服务需求，开展外来人口市民化成本的估算。国务院发展研究中心课题组（2011）通过对重庆、武汉、郑州和嘉兴四个城市的实地调研发现，一个农民工市民化所需的公共支出成本约8万元。其中，远期的养老保险补贴大约为3.5万元，住房与义务教育一次性支付的成本大约为2.4万元，社会保障及公共管理成本年均约为560元。因此，市民化成本并非高不可攀，只要合理规划，统筹协调安排，市民化成本不会成为推进农民工市民化的主要障碍（国务院发展研究中心，2011）。徐红芬（2013）对河南郑州、洛阳、鹤壁农民工市民化成本的测算结果显示，三市农民工市民化的平均总成本为每人每年5.7万元，中央及地方政府、企业和农民工个人大致各承担总成本的1/3。周向东（2012）通过对重庆的调查和测算得出"每使一个重庆农民工转为市民，其成本在11万元左右，而且农民工市民化转型成本长期和短期都将存在；转型成本由中央政府、重庆市政府、农民工所在企业与农民工自身四个主体承担"。南京市人口计生委与河海大学联合组成调查组（2014），对江宁、浦口两区600名农民工进行详细调查并估算出农民工市民化的结果，表明"一个农民工市民化的社会成本为 27.48 万元，其中需要政府承担 13.14 万元，个人承担 14.34 万元"。辜胜阻（2014）对湖北、河北、山东等 10 多个省区市的调研显示，农民工市民化有六项成本，一是子女教育成本，二是养老保险成本，三是医疗保障成本，四是其他社会保障支出，五是保障性住房支出，六是社会管理费用。一个农民工市民化的人均成本在 10 万元左右。

三、外来人口市民化的影响因素

（一）市民化影响因素

市民化过程的影响因素是研究关注的重点，主要包括以下三个方面：

一是制度因素，主要是在城乡二元结构下土地、就业、教育、社会保障等制度方面对农民工市民化意愿具有明显的阻碍作用（刘传江和程建林，2008；黄锟，2011），尤其是在土地制度方面，由于缺少将农村土地"市场化"的退出机制，农民工不愿意放弃农村土地和宅基地而换取市民身份（陈广桂，2004；刘锐和曹广忠，2014），并指出流入地落户要求是影响市民化最关键的制度条件。在影响市民化的制度研究方面，大多学者和政策研究者都把户籍制度改革作为推进市民化的主要抓手，但蔡昉（2010）研究发现，按照条件落户在城市的新居民，仍然不能平等地享有城市人口所享有的社会福利、社会保障和公共服务。户口是造成城乡居民待遇差别的最大障碍，其核心是户口背后所包含的福利差异，以转移支付为主的公共财政体制、以社保体系"碎片化"等为主的二元公共服务制度是市民化的主要障碍（韩俊，2012）。

二是经济—社会因素，在外务工收入、接受技能培训、在流入地参加城镇职工医疗保险能显著提高人口市民化意愿（王桂新和胡健，2015；王晓峰和温馨，2017），高房价不仅对农民工的市民化意愿产生抑制，还进一步影响其对定居地的选择（周建华和周倩，2014；刘锐和曹广忠，2014；陈广桂，2004），而幸福感和社会融合对提升市民化的意愿具有显著的促进作用（张鹏等，2014）；乡缘社区作为一种草根力量所推动的新社会空间，正成为中国城市新移民实现市民化的"助推器"（李志刚、刘晔和陈宏胜，2011）。

三是个人因素，包括性别、年龄、婚姻状况、受教育程度、在城市居住时间等（张斐，2011；何一鸣、罗必良和高少慧，2014），其中，在城市的居留时间、找工作的困难程度和婚姻状况等因素对市民化的影响最为显著（王桂新等，2010），高工资待遇、享受同等教育待遇、加强社会保障、提供保障房是农业转移人口最希望政府做的事情（黄勇等，2014），学者普遍认为务工经商是流动人口市民化的主要途径，流动时间越长市民化水平越高，流入地经济发展水平能有效促进市民化进程（苏丽锋，2017）。

（二）市民化影响因素的优化

此外，外来人口市民化需要经过以下五个方面的"优化"：

一是优化现有户籍制度，推动农民工的身份转变。张展新和王一杰（2014）指出，市民化的首要任务是使得城乡户籍差异造成的福利待遇和社会保障不再有差别，农村转移人口的流动会更加理性和有序。

二是优化劳动力市场，推动农民工的职业转变。邹农俭（2013）提出，增加劳动收入在总收入中的比重，直面生产一线劳动者收入过低的现象，同时重视农民工的职业培训工作。国务院发展研究中心课题组（2011）提出，市民化的首要通道是促进农民工在城镇稳定就业，合理稳定、提高农民工工资水平。

三是优化社会保障制度，逐步完善农民工的社会保障体系。邹农俭（2013）提出，构建具有现代化理念的社会保障制度，具体从四个方面考虑：建立现代化社会保障制度理念，特别是要抓住第二代农民工正奋战在第一线的时机；建立政府主导的社会保障制度；社会保障制度的强制性原则；社会保障制度的实施应该具有先后次序，如首先建立工伤保险和医疗保险（考虑到二者的紧迫性），然后逐步满足养老保险和失业保险等需求。在具体实施时，需要分层逐步完善社会保障制度，如首先优化工伤保障、基本医疗保障，随后推进养老保险和医疗保险。

四是优化公共服务水平，逐步完善城市内部公共服务均等化。国务院发展研究中心课题组（2011）提出了市民化的通道：其一，健全覆盖农民工的公共服务体系，促进农民工平等享受城市公共服务；其二，建立覆盖农民工的城镇住房保障体系，促进农民工在城镇落户定居。邹农俭（2013）提出了基本公共服务的具体措施，包括公共产品供给体制改革，如医院、基础设施配套时依然按照户籍人口配套，未考虑到农业转移人口的需求。张展新和王一杰（2014）进一步提出市民化过程需要一方面做到提升农民工的公共服务水平，另一方面使得既得利益集团也不必担心外来人口的涌入会争夺公共资源。

五是优化现有社区服务水平，逐步提升农民工的社会归属感。张斐（2011）提出，市民化的最后一个路径是从农民工向市民的转变，这里需要逐步提升农民工的社会归属感。一方面需要农民工转变传统的价值观和行为方式，另一方面需要优化现有社区服务水平，通过增加社区活动，增加社会关怀等。

本章小结

外来人口市民化是在户籍制度下形成的具有中国特色的概念，市民化研究关注外来人口在城市空间中身份的转变、社会融合以及公共服务均等化等内容。社会学视野下的市民化是从农民到市民的转换、传统向新型现代性转变的角度，对角色转换、生活方式、行为方式、工作方式和思维方式的市民化、赋权与增权、社会阶层流动和社会的融入等方面进行研究；经济学研究者强调职业和身份的转变，关注劳动力市场、收入与职业、生活方式、居住环境和福利的获取；地理学研究者则关注人口迁移流动与城市移民、流动人口城市融入、居住空间分异、公共服务的均等化和福利的实现等内容。随着市民化研究的不断深入，市民化研究更加注重外来人口在城市中公共服务的实现。

区别于社会学、人口学、经济学等领域在市民化研究中关注农民向市民的转变、就业与收入、福利获取和城市融入等研究内容，本书从公共服务供给与需求的角度来讨论城市外来人口的市民化。改革开放40多年以来，我国经历了快速的城镇化过程，城市政府在城市建设和教育、医疗、住房保障等公共服务等方面都是按照户籍人口的规模和需求进行设计和提供，造成城市公共服务供给与大量外来人口公共服务需求的空间不匹配，而这种不匹配会对外来人口市民化造成重要影响。因此，本书从公共服务供给和需求角度探讨市民化，能够为社会学、人类学的市民化研究提供一个案例，为推进高质量城镇化发展和市民化过程提供经验参考。

当前，快速城镇化地区城市外来人口的规模、结构和空间出现一系列新变化，直接影响到城市中公共服务的供给与需求。本书关注影响外来人口市民化的个体因素、制度因素、经济社会因素，重点探讨具有明显的地理空间特性的教育、居住和医疗等公共服务因素对外来人口在本地市民化过程的影响，并以此作为本书的主要研究视角。

第三章

基于公共服务的外来人口市民化分析框架

第一节　快速城镇化与市民化

一、快速城镇化与压缩型城市化

（一）快速城镇化

改革开放以来，随着快速工业化，中国的城镇化实现快速发展，城镇化率从 1978 年的 17.9% 提高到 2020 年的 63.89%，城镇常住人口从 1.72 亿人增长到 9.01 亿人，高于世界城镇化水平 55.3% 的比例。根据诺瑟姆"S"型城市化曲线的阶段划分，改革开放后的中国城镇化主要经历了从初级阶段到加速阶段的转变，中国的城镇化进程与诺瑟姆曲线中阶段划分基本一致。以珠三角为例，2000～2020 年，珠三角常住人口增长 3533.76 万人，达到 7823.54 万人，2020 年珠三角常住人口占全省的 61.97%。2000～2020 年，珠三角城镇化率（按常住人口测算）从 71.59% 提高到 87.24%，年均增长 0.78%；对比全国 2020 年城镇化率 63.89%，珠三角地区属于快速城镇化地区，如图 3-1、图 3-2 所示。

（二）压缩型城市化

实际上，中国的快速城镇化是一种"压缩型城市化"（Compressed Urbanization）（张京祥和陈浩，2010；赵杰，2014；郭占恒，2016）。"压缩型城市化"指一个地区或群体在比较短的时间内实现了快速而剧烈的城市化的现象。城市化理论认为，西方国家的城市化经历了一两个世纪以来的创新和经济社会发展相伴的过程，但东亚新兴工业国家或地区仅用了 30 年左右的时间完成了西方国家二三百年经历的城镇化过程。"压缩型城市化"将西方国家过去

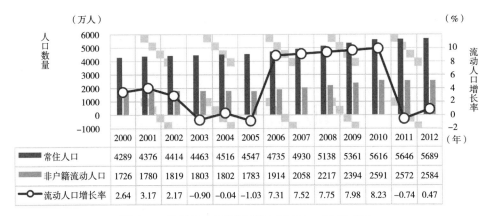

图 3-1　珠三角人口增长情况（2000～2012 年）

资料来源：《广东统计年鉴》（2013）。

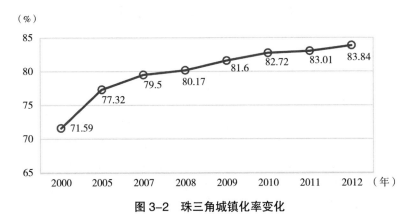

图 3-2　珠三角城镇化率变化

资料来源：《广东统计年鉴》（2001～2013）。

二三百年的城市化过程"压缩"了，比西方在"自然演进"状态下所需要的时间要短得多（张京祥和陈浩，2010），因此造成在时间和空间上的不一致状况，这种不一致表现为快速城镇化与人口市民化的不同步。

东莞是我国快速城镇化的典型城市，"压缩型城市化"在东莞表现得尤为显著，东莞的常住人口城镇化率从1978年的16.44%迅速增长至2018年的91.02%，城镇化的发展速度和程度均领先于全国（见图3-3）。从数据看，东莞已经进入与发达国家相同的高度城市化发展阶段，但事实上东莞仅仅是"似城非城"的半城市化地区（许学强和胡华颖，1988；郑艳婷、刘盛和和陈田，2003），表现为虽然产业结构和就业构成高度城市化，但仍保持着农村的户籍、土地及行政等管理体制，导致城市人口和空间集聚程度很低。由于户籍制度将城市与农村的社会福利和基本公共服务分割开来（Chan，1994），生活和工作在半城市化地区的外来人口，不仅其收入水平和就业机会远低于城市居民，同时，也不能均等地享受城市政府提供的社会福利和公共服务，其政治参与程度和社会融入感远远低于城市居民，人口市民化滞后于城镇化的快速发展。当前东莞的高城镇化率是统计口径所形成的，因东莞在 2002 年全面实施"村改居"，将村民整体转变为城镇居民，因此，统计的城镇化率并不能完全真实反映东莞城市化发展的现状。

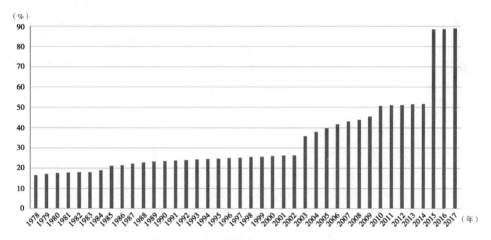

图 3-3　东莞常住人口城镇化率变化

资料来源：《东莞统计年鉴》（1979～2018）。

因此，从公共服务的视角研究外来人口市民化问题，有助于更好理解快速城镇化与人口市民化的内在逻辑，同时以东莞作为研究对象，为深入分析快速城镇化与人口市民化的时空关系提供合适的案例。

二、城镇化与市民化的关系

改革开放 40 多年以来，我国城镇化进程得到了迅速发展，但伴随快速城镇化过程的人口市民化却呈现不同步的状况。当前城市化仍然在二元结构下进行，城市中的外来人口并未完全实现市民化，人口市民化滞后于快速城镇化。国家统计局数据显示，2017 年我国常住人口的城镇化率达到了 59.58%，而户籍人口城镇化率仅为 43.37%，户籍城镇化率比常住人口城镇化率低了 16.21%。此外，城市中的外来人口与城市本地居民在住房保障、工作福利、社会保障以及医疗养老保险覆盖率等公共服务方面具有较大的差距。杨沫（2017）调查研究发现，城市中外来人口拥有全部或部分居住房屋产权的比例远低于城市居民，而且外来人口享受到公租房或廉租房等住房保障的比例较小，医疗保险、养老保险、生育保险等参保率均低于城市本地居民。外来人口同住子女的教育需求日益增长，但城市公办学校教学资源未能相应扩充，农民工子女尚未纳入流入地公办义务教育体系（韩俊，2012）。蔡昉（2010）指出，尽管以农民工为主体的外来人口在进城打工、居住环境方面已得到改善，但户籍制度仍然阻碍着外来人口以同等身份获得城市保障性住房、社会保障和子女义务教育等公共服务。

由于我国户籍制度改革严重滞后，加上二元城乡结构下城乡分割的社会保障和公共服务制度，大量外来人口从农村转移到城镇，虽然在城镇化率计算时被统计为城镇常住人口，但并没有与城镇居民享受同等待遇，造成当前中国的城镇化与人口市民化是不同步的（魏后凯和苏红键，2013）。在当前快速城镇化背景下，公共服务设施均等化是当前外来人口市民化的关键问题，外来人口尽管在城市中长期居住和就业，甚至已经实现了家庭式迁移，但由于他们的户口为非本地户籍，现实是大量的外来人口不能与城市的本地居民同等地获取福利保障和公共服务，户籍制度的核心是户口背后所包含的福利差异（蔡昉，2010）。"以人为本"是新型城镇化的核心，而推进市民化的关键在于提升外来人口的福利水平，缩小与城市居民的福利差距（席旭文，2017）。因此，相当部分学者认为，外来人口（或农业转移人口）市民化过程，实质上是城镇常住人口公共服务均等化过程（吕炜等，2008；吴业苗，2010；韩俊，2012；魏后凯和苏红键，2016），把依附在本地户口上的社会福利和公共服务与户籍身份脱钩，实现无差别化和社会化（黄锟，2009）。

与此同时，尽管部分地方政府通过"积分入户"等方式推进城镇户籍改革，但这种户籍形式的改变没能使市民化实质内容产生根本的变化。蔡昉（2010）指出，城市中以居民户口形式居住在农村的那部分人口，即使是按照入户条件实现入户，新居民依然无法获得城市人口所享有的社会福利和公共服务；而造成外来人口和本地居民在享受基本公共服务的巨大差距的原因是公共财政体系的问题。左学金（2015）认为，城市地方政府缺乏向外来人口提供公共服务激励，原因是城市公共服务的供给是由我国财政资源统筹层次决定的，统筹层次越低，财政资源均等化程度越低，公共服务均等化程度也就越低。由于当前城市管理和建设以户籍人口而非常住人口为依据，因此城市公共服务供给未将全部外来人口的需求考虑在内（蔡昉，2010），从而导致了快速城镇化和市民化的不同步状况。

回顾发达国家的城镇化发展特征，城镇化进程与市民化进程应该是同步的，即当农村人口离开农村进入城市后即可以享受城市提供的基本公共服务和福利，同时具有市民的身份，市民化和城镇化是高度一致的。发达国家城市化速度相对缓慢，城市化的发展与产业生产力的提升相配合，城市居民所享受福利与生产相匹配。以西方"福利国家"（Welfare State）为代表，进入高度城市化阶段的城市，通过建立涵盖社会保障、医疗保健、教育、住房补助等内容相当完善的福利制度，各种形式的新的城市空间成为福利政策的载体。

在中国，快速城镇化不仅将西方国家过去二三百年的城市化过程大大"压缩"，城市空间中的公共服务供给（如学校、医院、居住等设施）在时空上的差异，造成人口市民化与城市化进程的分割，大量外来人口在城市就业和生活，却难以融入城市公共服务体系，市民化进程滞后于城市化过程。

21世纪以来，我国快速城镇化的一系列经济、城市和社会转型，特别是2008年全球金融危机后，中国经济发展方式的转变要求城市化模式也须相应变化。城市化将通过更多福利政策的制定及福利设施的建设，协调城乡之间、城市内部的各种社会福利差异（李郇，2012）。以《国家新型城镇化规划（2014年）》为标志，明确"以人的城镇化为核心，有序推进农业转移人口市民化"，意味着城市发展方式转向更加注重外来人口的社会福利和公共服务。新型城镇化背景下，城市化发展更加注重"人"的城市化，城市化将从对产品的关注转向对劳动者需求的关注，从单纯的注重生产转向分配与福利制度的建设（李郇，2012）。在政府的政策取向上，劳动者的工资、住房、医疗、教育等需求将成为城市政府政策及财政支出的重要关注点，更加强调基本公共服务均等化。从理论逻辑上，推进基本公共服务均等化是加快人口市民化进程的表现，尝试改变人口市民化滞后于快速城镇化的状态，真正实现以"人"为本的新型城镇化。

第二节　东莞外来人口市民化分析框架：基于公共服务视角

《国家新型城镇化规划（2014—2020年）》指出，受城乡分割的户籍制度影响，城市中的外来人口及其随迁家属，未能与城市居民在教育、就业、医疗、养老、保障性住房等方面享受城镇居民的基本公共服务。因此，推进基本公共服务均等化是实现外来人口市民化的重要内容（吕炜等，2008；吴业苗，2010；韩俊，2012；魏后凯和苏红键，2016）。

一、基于公共服务视角下的外来人口市民化分析框架构建

本书从公共服务的供给与需求出发，尝试构建基于公共服务视角的外来人口市民化分析框架（见图 3-4），研究中突出城市空间中住房、学校和医院三项公共服务设施载体的作用，教育、居住、医疗等公共服务供需匹配情况是外来人口市民化的关键；人口结构转变、政府政策安排、产业经济转型等因素影响和制约着公共服务的供需匹配和外来人口市民化过程。人口结构转变方面如新生代劳动力、人口大龄化和高素质人才等因素的变化将影响外来人口在入学、就医、居住等公共服务的需求；积分入户、积分入学和公共服务均等化等政府政策安排等因素将对城市政府的公共服务设施，尤其是学校、医院和住房保障的供给产生影响；而产业经济转型作为城市发展的内生动力，也影响着城市外来人口市民化过程中公共服务的供给和需求。

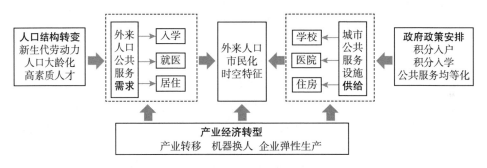

图 3-4　分析框架

二、外来人口市民化的公共服务供给与需求

《国家新型城镇化规划（2014—2020 年）》明确提出，统筹布局建设学校、医疗卫生机构、文化设施、体育场所等公共服务设施。除基本公共服务以外，公共服务涵盖的内容更为广泛，涉及就业、住房、教育、医疗、文化体育、社会保障等方面的内容。通过对东莞外来人口访谈和调研，本书主要关注东莞外来人口最关心的公共服务需求，包括居住、入学、医疗，实证研究其是否影响外来人口市民化；另外，与东莞外来人口最关注的公共服务需求相对应的是住房、学校、医院方面的供给，城市中的公共服务供给主要以政府为主导，研究将聚焦城市住房、学校、医院等公共服务供给，并进一步研究外来人口在流入城市中的公共服务需求和供给的匹配问题。

改革开放以来，快速城镇化将西方在"自然演进"状态下的城市化过程大大压缩了（张京祥和陈浩，2010），造成了快速城镇化与人口市民化的不同步，

而这种不同步反映在公共服务的供给与需求上。改革开放以来，东莞的城镇发展模式主要依靠非均等化基本公共服务压低城镇化成本来推动城镇化快速发展，户籍人口与外来人口公共服务差距造成的城市内部二元结构矛盾凸显，实际上是公共服务供给与需求的不匹配。

以东莞为例，外来人口的快速增长带来了大量公共服务的需求，而相应的供给相对不足，现有的公共服务供给是根据 2000 年版城市总体规划配置的，外来人口规模发展远超 10 多年前的预测值，对于公共服务的质量和需求也产生新的变化，亟须加大公共服务的供给。同时，由于地方性公共服务的投资主体以地方政府为主，庞大外来人口产生的公共服务需求会对东莞地方财政造成巨大压力，制约外来人口的市民化进程。

《国家新型城镇化规划（2014—2020 年）》强调推进基本公共服务均等化，本质是促进针对外来人口的公共服务的供给和需求相匹配，因此，本书认为，外来人口市民化的关键是实现公共服务的供给和需求的匹配。本书重点关注住房、学校、医院这三项具有空间实体的公共服务在供给和需求上的"空间匹配"，综合探讨东莞外来人口市民化过程中的时空特征、演化过程与影响机制。

三、外来人口市民化的影响因素

当前东莞城镇化发展面临一系列外部环境和内在条件转变，深刻影响着其外来人口市民化特征以及外来人口对公共服务的需求。一方面，经济发展动力从过度依赖自然资源向更多依靠人力资源和创新驱动转变，尤其是以外来人口为主体的劳动力产生了新的变化。另一方面，刘易斯转折点的出现引发人口红利减少、人口老龄化问题，以及就业和消费行为完全不同于老一代劳动力的新生代劳动力成为劳动力市场的主力，这些变化给外来人口市民化带来深刻影响。此外，政府出台一系列推进外来人口市民化的政策，以满足外来人口对子女教育、医疗、住房等基本公共服务的需求。由此，本书将从产业经济转型、人口结构转变和政策制度安排三个方面分析，研究快速城镇化地区外来人口市民化的影响因素与机制。

（一）产业经济转型

城镇发展实质是劳动力与资本要素的空间集聚与流动，经济发展作为地方或区域增长的主要推动因素，不仅影响城镇发展，也影响着城镇人口特别是从业人口的变化方向。2008 年以来的全球性经济危机，加剧了国际市场的竞争，外部订单需求萎缩等因素直接影响到以东莞为代表的快速城镇化地区外向型加工制造业的经营状况。危机冲击下，许多松脚型工业（Footloose Industry）倒闭或外迁造成快速城镇化地区的产业空洞化（王缉慈，2001），大量外来务工人员由于就业岗位减少和薪酬水平下降等原因选择离开原来流入的城市。东莞作为珠江三角洲地区经济外向程度最高的城市，大量制造业企业倒闭、产业人口流失和城市出租屋空置率上升。Xue 和 Wu（2015）研究指出，东莞典型的物业租赁经济受到金融危机的严重影响，企业倒闭和从业人口数量下降，企业对于厂房和住房的需求减少，厂房出租价格下降，空置率不断上升。东莞市工商局统计数据显示（见图 3-5），2008～2009 年，东莞登记的制造业企业注销企业数量达 1285 家，用工备案人数减少超过 45 万，全市备案登记的出租屋数量减少了 18000 多个。

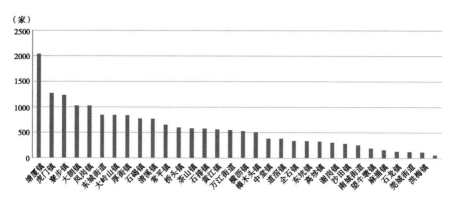

图 3-5　东莞市各镇制造企业倒闭和外迁数量（2006～2016 年）
资料来源：东莞市工商局。

此外，受劳动力成本上升、更严格环保和用工制度等因素的影响，东莞大量劳动密集型出口加工企业开始向中国中西部地区转移，或向越南、印度尼西亚等劳动力更低廉的东南亚发展中国家转移，加剧以外来人口为主体的产业务工人员外流或者回流。由此，后危机时期传统加工制造业的倒闭与外迁将对在莞外来人口的数量和规模造成极大影响。

在经济转型过程中，东莞以加快转变经济发展方式为主线，积极推动经济结构调整，强调创新型经济在产业升级中的作用，先后提出实施"六大转变""东莞创造""东莞制造 2025""机器换人"与重点企业"倍增计划"等措施和手段（见表 3-1），推动东莞经济的转型升级。

2008 年金融危机发生前，东莞积极推动传统产业的转型升级和可持续发展，提出了"腾笼换鸟"思路，开始有计划地淘汰高投入、高能耗、高污染、低效益"三高一低"的企业，重点发展战略性新兴产业，积极引进和培育新一代通信、新能源、新材料、电动汽车、半导体照明、高端新型电子信息等产业，开启经济"转型"的步伐。2007 年，东莞召开第十二次党代会，确立了

"推进经济社会双转型"发展战略,其总体方向是推进东莞从初级城市社会向高级城市社会转型,推动东莞资源主导型经济向创新主导型经济转型,东莞由此开始了以"转型"为发展战略的发展(孙霄汉,2018)。近年来,东莞政府又提出"打造智能制造新高地"的目标,把机器人、新一代通信制造、无人机等产业作为重点。

表3-1 东莞产业经济转型主要策略

年份	主要策略
2006	东莞市委、市政府确立了"经济社会双转型"的发展战略,实现经济转型"六大转变",要求传统加工制造产业向加工制造与研发服务环节协调发展
2007	东莞提出实施外源型经济转型三大核心工程,明确实现加工贸易转型工作
2008	省政府将东莞确定为全省推进加工贸易转型升级的试点城市
2009	《珠江三角洲地区改革发展规划纲要(2008-2020年)》针对东莞的加工贸易转型升级工作,赋予东莞作为广东"加工贸易转型升级示范区"试点城市的重任,实行先行先试
2010	东莞被认定为全国加工贸易转型升级的首批试点城市,提出以"推动加工贸易企业延伸产业链,实现从'生产车间'到'企业总部'的形态转变"的总体思路推动加工贸易转型升级
2011	东莞市制定《东莞市促进优势传统产业发展和转型升级的指导意见》,推动优势传统产业实现"五个转变"和"五个提升",推动向"东莞创造"转变
2013	制定了五大优势传统产业转型升级实施方案,形成了促进优势传统产业转型。升级的"1+5"系列政策,为纺织服装鞋帽、家具、食品饮料加工、造纸及纸制品产业、玩具及文体用品产业五大传统产业的转型升级制定实施方案
2014	印发《东莞市推进企业"机器换人"行动计划(2014—2016年)》,以自动化和智能化提升传统产业生产水平,鼓励劳动密集型企业通过利用先进装备进行技术改造,实现由"东莞制造"向"东莞智造"的升级
2015	提出实施"东莞制造2025"战略,以信息技术与制造技术深度融合、数字化网络化智能化制造为主线,推动制造业升级发展

在一系列重大战略推动下,东莞在经济结构转型升级方面取得较好成效,经济发展质量不断提升,分别在2012年、2015年和2017年迈入"5000亿城市""6000亿城市""7000亿城市"之列,经济增长速度出现"莞式反转"。服务业增加值从2008年的1788.93亿元增加至2017年的3896.01亿元,增长了超过一倍,同期三次产业结构也从0.3:56.6:44.1转变至0.3:48.3:51.4,形成了"三二一"的产业结构。服务业比重和投资总量不断上升,2017年,东莞

服务业固定资产投资额高达 2772.87 亿元，占固定资产投资的比重达 59.08%，超过制造业投资比重，后危机时期，东莞服务业快速增长，不仅推动了东莞三次产业结构的转变，也为东莞产业结构调整奠定了基础。

随着后危机时代珠三角区域的弹性生产快速发展，产业集群加速转型，多品种、小批量的定制化生产模式正在取代大批量流水线生产模式，使得处于边缘位置的外来产业工人容易置于更边缘的位置，当企业不再需要他们的时候，他们就会被抛弃。符文颖和李郇（2013）基于珠三角电子企业的调研发现，以东莞为代表的珠三角东岸企业也拥有了较多的灵活定制产品，金融危机过后以定制生产为标志的柔性生产已发育较为成熟。在此背景下，企业生产更多地采取劳务外包、派遣以及临时劳工等更具弹性化的方式雇用产业工人，这些弹性化的措施能够快速灵活地组织用工数量、安排工作内容和组织生产，以应对市场上产品周期缩短、消费市场多元化和个人需求多样化等市场的变化；柔性生产导致就业的稳定性降低，对外来人口的就业、收入和本地化行为产生显著影响。

此外，随着智能制造技术的推广，东莞市产业升级转型发展，东莞对技能人才的需求不断提高。2014 年，东莞推行"机器换人"政策，这一政策使得对于高技能人才的需求增加，企业对操作相关数控机器的熟练技工需求较大。一方面，从企业角度出发，鉴于工厂实行"机器换人"，这些部门采用了一定技术升级改造，对劳动力就业形成了一定压力。另一方面，从劳动者角度出发，越来越流行的"零工经济"促使劳动力的离职率上升，以期谋求更高的薪酬待遇，从而造成了离职率增加。相关数据显示，"机器代人"对制造行业整体劳动力可能产生约 10% 的替代率（见图 3-6）。基于此，企业生产的智能化和自动化对外来人口特别是劳动人口的需求产生新的作用，东莞市产业发展对高级技能培训的需求必然越来越多，直接影响外来人口的就业，进而影响外来人口市民化的进程。

（二）人口结构转变

改革开放以来，珠三角地区的经济增长主要依靠资本和劳动力的投入，而且资本的贡献远没有劳动力的贡献大（代吉林等，2000），并且，数以千万计的内地农村剩余劳动力向包括东莞在内的珠三角地区流动转移，为珠三角地区的"外向型城镇化"发展注入了强大的动力（许学强和李立勋，2006）。随着刘易斯拐点的到来，人口的年龄结构不再朝着具有生产性的方向变化（蔡昉，2010），人口红利逐渐消失；随之而来的薪资水平上升、人口老龄化和用工荒等问题将制约以东莞为代表的快速城镇化地区的外来人口市民化的深入推进，如图 3-7 所示。

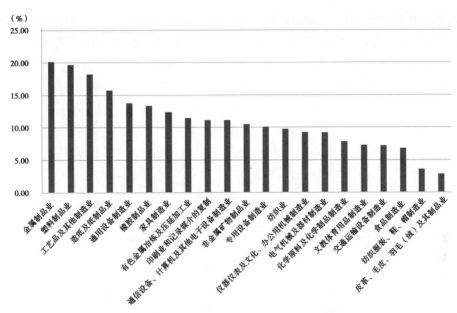

图 3-6　东莞市"机器代人"对制造行业的劳动替代率

资料来源：笔者基于东莞调查数据整理绘制。

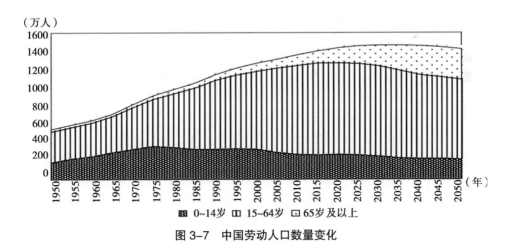

■ 0~14岁　□ 15~64岁　□ 65岁及以上

图 3-7　中国劳动人口数量变化

　　蔡昉（2010）对于中国刘易斯拐点到来的判断是"基于对人口与劳动力市场的分析，它预计我国人口总规模在 2030 年达到峰值，达 14.62 亿人，而在此之前，15～64 岁的劳动年龄人口在 2015 年达到峰值"。随着 20 世纪 90 年代末中国人口进入低出生率、低死亡率和低自然增长率的发展阶段，劳动人口数量增长速度开始进入减速增长期（侯东民和王德文等，2009）；劳动年龄人口将进入负增长阶段，劳动年龄人口增长率下降或绝对数量下降，意味着未来劳动力的潜在供给量将不断减少，"用工荒"现象将呈常态。东莞市社保登记人口的劳动年龄人口数据显示（见图3-8），东莞16~64岁年龄段的劳动人口从2008年的93.81%增长至2010年的94.54%，2010年达到峰值后，该年龄段的劳动人口比重出现了持续下降，2014年下降至93.18%。

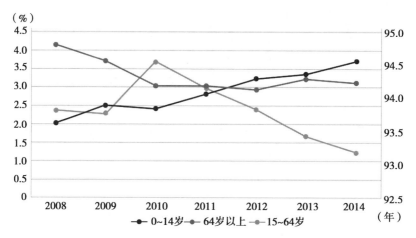

图3-8　东莞市社保登记人口中少儿人口、老年人口与劳动年龄人口变化
资料来源：东莞社保登记人口数据。

由此可见，东莞人口结构中劳动力供给处于无限供给的状态已经发生根本逆转（李郇、杜志威和李先锋，2015），尽管东莞人口尚处于波动增长过程中，但东莞的人口刘易斯拐点已经出现。刘易斯转折点的到来将加剧城镇经济社会发展与人口发展的结构性矛盾（李郇、杜志威和李先锋，2015），产业需求结构与劳动力供给结构的不匹配将引发东莞人口的外迁和产业转移，造成了东莞外来人口的减少甚至出现城镇收缩，根本性地改变着外来人口持续供给问题。

新生代已经成为流动人口的"主力军"，《中国流动人口发展报告2017》的数据显示，我国新生代流动人口的比重不断上升，16~59岁的劳动年龄流动人口中，"80后"比重由2011年的不足50%上升至2016年的56.5%；"90后"流动人口的比重由2013年的14.5%上升至2016年的18.7%，呈逐步增长趋势。而且，新生代外来人口在就业行为和消费行为上表现出与老一代外来人口显著的差异。段成荣和马学阳（2011）研究发现，对新生代农民工的普遍认识是"三高一低"特征明显，即职业期望高、受教育程度高、物质和精神享受要求高和工作耐受力低。在就业行为上，新生代外来人口更倾向于收入较高且工作强度更低的职业，因此他们往往选择批发零售、住宿餐饮、社会服务等服务性行业，不愿意选择从事传统劳动密集型的制造业行业，将流动视为改变生活方式和寻求更好发展的契机（王春光，2003；段成荣和马学阳，2011）。在消费行为上，新生代外来人口的消费显现出多样化的特点，与老一代农民工不同，老一代农民工受消费习惯制约，主要用于满足基本生活需要，而新生代农民工更倾向在城市中发生消费行为，除基本的餐饮和房租上的消费支出外，在娱乐、购物等方面的消费比重越来越大。此外，在人口市民化方面，新生代外来人口的长期居留意愿、本地人身份认同都显著低于老一代的外来人口（杨菊华、吴敏和张娇娇，2016）。

随着人口刘易斯拐点的到来，劳动年龄人口增长速度逐渐减缓，劳动力人口的年龄的提高（蔡昉，2010），我国已逐步迈入人口老龄化的社会。诺克斯（2009）指出，西方国家"生育高峰"后的一代步入成年以及生育高峰一代的退休，人口结构逐渐向大龄化和老龄化转变，将会产生对特殊住房、生活福利设施、社会服务、医疗设施的空间需求，这些需求会在城市政治生活上引起不和谐的因素。进入20世纪90年代，越来越多的中青年流动人口带动少年儿童和老人迁入城市，流动人口进城务工的家庭化趋势凸显，整个家庭的流动已经成为农民工流动的重要模式。虽然当前东莞城镇外来人口年龄结构仍然趋于年轻化发展（杜志威和李郇，2018），但随着老一代在莞外来人口年龄的增长，特别是成家立业依旧携带子女和携带父母来莞的可能性增加，外来人口对老年人与子女的抚养需求正在不断提高，不仅增加地方政府对养老、教育、医疗的财政压力，也影响外来人口长期留莞和市民化的意愿和行为。

（三）政策制度安排

针对快速城镇化过程中大量农业转移人口难以融入城市社会、市民化进程滞后的问题，国家、广东和东莞地方政府分别积极出台相关政策和措施，积极推动外来人口在就业、医疗、教育、养老、保障性住房等基本公共服务方面的均等化，着力推动外来人口市民化，促进人的全面发展和社会公平正义。

《国家新型城镇化规划（2014—2020年）》明确指出，要有序推进农业转移人口市民化，以农业转移人口为重点，统筹推进户籍制度改革和基本公共服务均等化。同时，《国家新型城镇化规划（2014—2020年）》指出，要建立健全市民化推进机制，明确政府要承担农业转移人口市民化在劳动就业、医疗卫生、义务教育、保障性住房、基本养老以及市政设施等方面的公共成本，建立市民化成本分担机制。

广东省政府出台《关于开展农民工积分制入户城镇工作的指导意见》，要求开始推广"积分入户"鼓励外来务工人员落户，引导和鼓励本省户籍农民工及其随迁人员通过积分入户城镇、融入城镇。《关于开展农民工积分制入户城镇工作的指导意见》创造性提出，实施城市居住证制度，明确提出农民工办理居住证，持证人除享有《广东省居住证》持证人享有的权益和公共服务外，还可在居住地享有按规定申请廉租住房或公共租赁房、随迁子女义务教育、申请社会救助等权益和其他公共服务。

东莞作为国家新型城镇化综合试点城市，在推进国家新型城镇化建设特别是外来人口市民化工作方面得到国家发改委等相关部门的高度肯定。首先，东莞市政府制定出台了《关于推进农业转移人口市民化的实施意见（试行）》，积极探索拓宽农业转移人口市民化实现通道，着力推动基本公共服务常住人口全覆盖，形成条件准入、积分制入户和企业自评人才入户的"1+3"人才入户政策体系，促进人口市民化与产业创新发展、城市品质提升的有机融合。2016年，全市共核准人才入户资格20928人，人才入户规模是2010年的3.8倍；人才结构也不断优化，在获得入户资格的人员中，大专以上学历的超过60%，35周岁以下的占近6成（见图3-9）。其次，2015年，东莞制定了"基本公共服务同城同待遇批次清单"，将东莞目前提供的基本公共服务分为普遍服务、逐步共享、兜底限定三大类，实行分类、梯次管理，实现基本公共卫生服务全覆盖，免费向所有户籍及非户籍人口提供12类45项基本公共卫生服务项目，增强了城镇对外来人口的吸引力，极大地推动了外来人口的市民化进程。

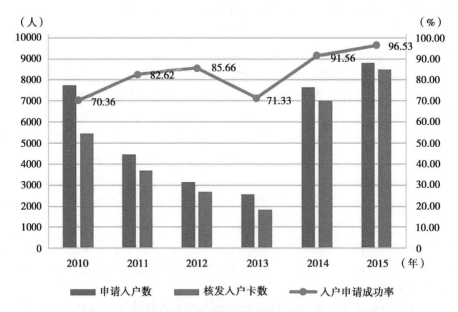

图3-9　东莞积分入户申请和获批情况（2010～2015年）

资料来源：东莞市新莞人服务管理局。

近年来，东莞扩大了经济适用房、公租房的住房保障范围。在经济适用房方面扩大的标准体现在月收入、人均资产最低标准提高，且考虑了离异、丧偶或30岁以上单身人士的住房需求，认为其满足条件也可以视为家庭申请。公共租赁房的保障范围在考虑到东莞工作较久（满五年）的外来务工人员的情况以外，还将符合条件的非本市户籍大学本科及以上学历的新就业职工覆盖到公共租赁住房的供应范围。并以实物配租、租赁补贴、房屋修葺、租金核减的方式作为实施的措施。经济适用房主要针对东莞户籍人员而言，而在房价普遍较高的情况下，经济适用房保障范围的扩大某种程度上增加了对外籍人员落户东莞的吸引力。而公共租赁房的保障范围从原来的仅覆盖户籍人口扩大到了非户籍的人口，这一变动主要针对东莞经济发展做出贡献，或者有建设东莞能力的外来人员的欢迎态度，也吸引了更多的外来人口在本地市民化。

表3-2　东莞基本公共服务均等化项目

类型	公共服务项目
公共教育服务	中等职业教育免学费、中等职业教育国家助学金、学前教育政府专项资金
公共医疗服务	居民健康档案、健康教育、预防接种、儿童保健、孕产妇保健、老年人保健、中医药健康管理、食品安全风险监测、卫生监督协管、基本药物制度、技术指导咨询、避孕节育技术服务、宣传服务、卫生监督协管、基本药物制度、技术指导咨询、避孕节育技术服务、宣传服务、卫生监督协管
公共文体服务	公共文化场馆开放、图书流动服务、百姓大舞台文化惠民千场演出、基层馆站提升工程、公共数字文化服务、玉兰大剧院演出补贴项目、非物质文化遗产展示场馆开放、文化生态保护区建设、文化遗产展示门票减免、广播电视、公益电影放映、应急广播、全民阅读、体育场馆开放、全民健身服务、公共体育健身设施、城乡居民身体素质、全民健身组织网络、全民健身活动、健身指导和志愿服务队伍、残疾人体育健身服务
公共交通服务	公共交通服务网络、农村公路网、各镇内公汽服务、公交出行信息服务、城市公共交通服务网络
公共安全服务	治安防控建设、交通事故受伤的抢救费、交通事故死亡的丧葬费、一次性困难救助、公共安全知识普及、一村（社区）一法律顾问、法律援助服务
基本生活保障	失业保险、工伤保险、生育保险、殡葬服务、社保基本医疗保险、污染减排、污水处理、污染物处理、环境风险源重点监控、生态保护与建设
基本就业保障	公共就业服务基础项目、公共就业企业现场招聘会、职业技能培训补贴、职业技能鉴定、劳动关系协调、劳动保障监察、劳动人事争议调解仲裁

第四章
东莞外来人口时空特征分析

城市外来人口时空变化对公共服务需求与供给产生重要影响，外来人口的规模、结构和分布变化将影响城市公共服务需求与供给变化。本章从城市外来人口时空特征分析着手，运用相关统计数据，包括东莞人力资源局新莞人数据、东莞社保局提供的大样本数据、东莞移动通信市场监控中心大数据组提供的手机用户数据等对东莞外来人口时空特征进行分析，讨论外来人口时空变化对市民化公共服务需求的影响。

第一节　东莞外来人口规模特征分析

东莞作为改革开放的前沿阵地，凭借毗邻香港和深圳的独特地理优势，通过"三来一补"方式发展劳动密集型产业，促进大量外来人口的大规模迁移，为快速城镇化进程提供强大的发展动力；同时，东莞依托过去30多年创造的公共财政能力，无论是公共基础设施建设还是公共服务供给，都走在了中国城市的前列[①]。改革开放以来，东莞人口规模从1978年的111.23万人激增至2016年的826.14万人，外来人口占常住人口的比例高达75.68%，是我国快速城镇化地区的一个缩影。然而，受金融危机和刘易斯拐点的双重影响，东莞外来人口数量和结构发生显著变化，将影响到市民化公共服务的需求与供给。

从人口统计数据来看（见图4-1），东莞人口规模在不断增加，从1990年的175.62万人增加到2016年的826.14万人，增长了近4倍；东莞户籍人口从1990年的131.85万人增加到2016年的200.94万人，仅增长50%；而东莞外来人口从1990年的仅65.59万人增加到2016年的428.39万人，增长了3.7倍。由此可见，东莞人口的增长主要得益于外来人口的增加。

从东莞人口的户籍构成看，1990年以来，东莞外来人口和户籍人口比重逐渐发生倒挂，外来人口和户籍人口的比重从原来的25∶75逐渐演变成75∶25，

---

① 本报评论员.突出公共服务优化，共享改革发展新成果［N］.东莞日报，2017-01-06（A02）.

2000 年以来，东莞外来人口占东莞总人口的比重基本维持在 76% 左右。

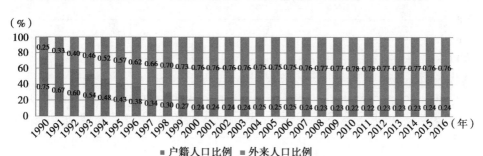

图 4-1　1990～2016 年东莞市户籍人口与外来人口构成比例一览
资料来源：《东莞统计年鉴》（1991～2017）。

从增速变化看，东莞外来人口增长速度呈现从高速增长转变为波动变化的状况。东莞城市常住人口增长经历了持续增长（1990～2005 年）、显著减少（2006～2010 年）和波动发展（2010 年至今）三个阶段（见图 4-2）。东莞外来人口从 1990 年的 65.59 万人激增至 2005 年的 584.98 万人，年均外来人口增长率高达 15.73%。但受到 2008 年金融危机的影响，东莞外来人口呈现负增长，仅 2008～2009 年减少 122.54 万人，2006～2010 年，东莞外来人口增长率连续四年均为负增长，年均增长率为 -8.09%。随着宏观经济的复苏，2011～2016 年，东莞外来人口出现波动增长的态势，从 2010 年的 411.47 万人增长至 2017 年的 438.6 万人，但年均增长率仅为 0.916%。2013 年以来，外来人口又出现负增长现象，呈现"负增长—低速增长"波动变化轨迹，外来人口增长进入新的阶段。

这种波动主要是来自外来人口增长的变动。从东莞常住人口构成看（见图 4-1），尤其 2000 年以后，东莞常住人口中户籍人口和外来人口构成基本稳定，本地户籍人口基本维持在 24% 左右，东莞常住人口增长率和外来人口增长率呈现高度的一致性，因此，东莞人口的增长变化主要是外来人口增长变动。根据《东莞统计年鉴》外来暂住人口统计，2005 年东莞外来暂住人口的总量达到峰值 584.58 万人后，由于金融危机的影响，外来人口随之发生较大的波动，东莞外来人口增长率出现负增长，特别是对比 2016 年和 2005 年，外来人口减少有 158.36 万人之多，外来人口对东莞常住人口的贡献在逐渐减弱。

另外，新莞人统计数据表明（见表 4-1），由于东莞在发展过程中比较优势的逐渐丧失，外资纷纷向东莞以外的区域转移，东莞的务工人员需求减少，被外资转移析出的务工人员的流动增加。庞大的人口流动规模给企业用工、社会管理尤其是城市的公共服务设施配给等带来极大的不便。新莞人局提供的新

图 4-2　1990～2016 年东莞市户籍人口与外来人口增长率对比

资料来源:《东莞统计年鉴》(1991～2017)。

莞人数据显示,2008 年金融危机以来,2008～2013 年离莞人数达 444.5 万人次,尤其 2009 年离莞人数超过新增人数,外来人口出现负增长。

表 4-1　2008～2013 年新莞人统计数据一览

单位:人

年份	总人数	新增人数	离莞人数	离莞/男性	离莞/女性	离莞/省内	离莞/省外
2008	2787721	650961	357705	197420	160285	47501	310204
2009	2720844	1335652	1399343	780445	618898	174336	1225007
2010	3188287	2129539	1063765	582786	480979	132843	930922
2011	4147848	811062	474973	249413	225560	63624	411349
2012	4176096	786260	729657	394212	335445	104772	624885
2013	4163284	554027	419621	241112	178509	57111	362510

资料来源:东莞市新莞人服务管理局。

第二节　东莞外来人口结构特征分析

本节主要运用东莞社保局和东莞市人力资源管理局新莞人局提供的外来人口全样本数据,从人口自然结构(年龄、性别)、人口社会结构(户籍、学历、就业、技能)和人口地域结构(来源地)等方面讨论分析东莞外来人口结构特征及人口结构变化对公共服务的影响。

一、人口自然结构变化

（一）年龄结构分析

根据蔡昉（2010）的研究，随着我国人口刘易斯拐点的到来，我国劳动年龄人口增长速度逐渐减缓，劳动力年龄逐渐提高，我国逐步迈入人口老龄化社会。与之相反，作为快速城镇化地区的典型城市，东莞在金融危机以后，其外来人口的年龄变化主要体现在低年龄段（0～15岁）人口比重上升以及新一代（16～24岁）农民工增加、劳动力大龄化。

东莞社保登记外来人口的平均年龄从2008年的35岁降低到2016年的平均34岁。东莞外来人口年龄结构中0～15岁年龄段占比从2008年的2.38%增加至2016年的6.46%，16～24岁年龄段的外来人口占比从2008年的4.94%增加至2016年的5.65%，25～45岁与46岁及以上两个年龄段的占比分别下降了4.94%和1.57%。

东莞市新莞人局数据显示（见图4-3），东莞劳动力中外来人口的大龄化趋于明显，对比2008年和2016年的状况，在莞外来劳动力集中分布从24～40岁增加至24～45岁，外来人口工作生活的新特点将极大地影响整个外来人口的需求结构和市民化行为。

从数据对比分析可以看出，东莞外来人口年龄整体呈年轻化趋势，主要源于低龄段（0～15岁）外来人口的占比增加显著，主要是外来人口携带子女数量增加，从而影响东莞人口年龄结构的变化。新生代农民工市民化意愿强，其对公共服务的需求质量更高。同时，外来人口携带子女来莞增加和新生代农民工群体的比例加大意味着城市政府需要加大对教育设施和服务的投入及供给，提高公共服务供给的质量。

（二）性别结构分析

东莞外来人口性别结构出现根本性变化，男性劳动力逐渐成为主体。2008年和2016年东莞市新莞人局的外来人口数据显示，东莞外来人口的男女性别比不断升高，由原来的92.69变成了2016年的113.17，男性劳动力逐渐成为外来人口的主体。根据李玲（2002）的研究，由于珠三角特殊的以劳动密集型加工业为主的产业结构，对外来劳动力特别是女性劳动力有大量需求，使其2001年人口性别比[①]显著低于全国、全省，仅为101.33；而东莞最为突出，人口性别比仅89.42。当前，随着经济发展，人口需求出现变化，东莞外来人口性别结构出现了由女多男少向男多女少的结构性转变。

随着产业结构转型，男性多女性少的性别结构正在加剧。东莞社保登记人

---

① 性别比是指族群中雄性（男性）对雌性（女性）的比率，通常以每100位女性所对应的男性数目为计算标准。

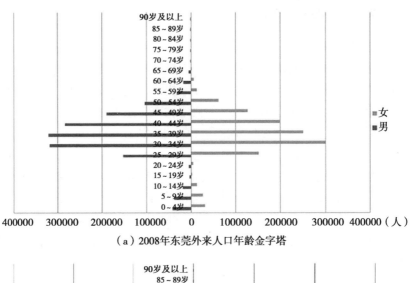

（a）2008年东莞外来人口年龄金字塔

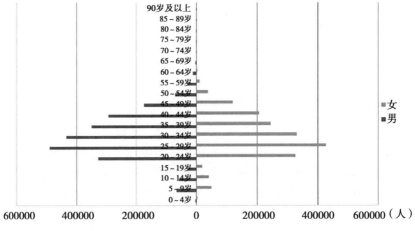

（b）2016年东莞外来人口年龄金字塔

图4-3 东莞劳动力中外来人口年龄金字塔

资料来源：东莞市新莞人服务管理局。

口数据表明，东莞人口性别比2008年为118.1，2016年人口性别比为128.06，东莞人口男女性别失衡严重；东莞社保登记人口数据显示，外来人口性别比2008年为128.03，2016年增加至143.01。可见，随着产业转型，东莞外来劳动力性别结构正在发生变化。根据东莞市新莞人局数据制作的外来人口金字塔（见图4-3），对比两个时间节点男女性别的变化，可以发现男性外来人口整体增加，而35～54岁女性外来人口减少明显。

随着东莞经济发展逐步从要素驱动向创新驱动转变，传统"三来一补"劳动密集型企业在转型中不断升级或外迁，资金密集型和技术密集型企业不断增加。

东莞工商局提供的数据显示，2008～2009 年，东莞用工备案总人数减少数量超过 45 万，制造业企业注销达 1285 家；注销企业类型主要为劳动密集型制造业如以传统家具、纺织、玩具、服装、皮革为主的行业，这些劳动密集型行业的用工以女工为主；随着东莞产业向模具、化工、通信、机械等以男性工人群体为主导的制造业转变，产业结构转变对东莞人口性别结构的变化产生直接影响。

对于性别对市民化影响的研究，卢海阳（2015）认为，男性农民工表现出较好的经济融入和社会融入。温馨（2018）基于国家卫计委流动人口社会融合专题调查数据分析发现，性别对农民工市民化能力有显著影响，以女性农民工为参照，男性有市民化能力的可能性是女性的 3.027 倍。而黄祖辉等（2004）考察了农民工市民化意愿的影响因素，发现女性农民工市民化意愿强于男性农民工。当前，东莞外来人口性别结构出现了根本性的变化，这一事实必将对公共服务和市民化产生一定影响。

二、人口社会结构变化

（一）学历结构分析

东莞外来人口受教育程度不断提升，呈现高学历人口替换低学历人口的趋势。东莞市社保登记人口数据表明，参加社保的总人口中（见图 4–4），高等学历和中等学历[①]的人口比重上升，高等学历的增加了 2.07%，中等学历的增加了 1.64%；而初等学历（小学以下）人口的比重下降，减少 3.71%。从户籍类型看，外来人口中初中和高中等中等学历人口比例减少 1.58%，大学专科以上高等学历增加了 1.29%，小学以下初等学历的略微增加 0.29%。

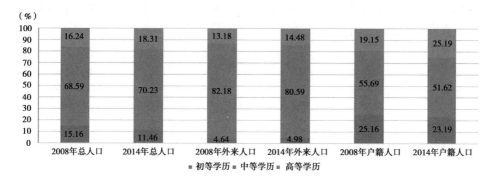

图 4–4　东莞户籍人口和外来人口学历结构变化

资料来源：东莞市社保登记人口数据库。

---

① 高等学历包括大学专科和本科、硕士和博士研究生。中等学历包括初中、技工学校、普通高中、职业高中和中专。

相关研究表明，受教育程度越高，外来人口进城定居实现市民化的可能性越大（李强和龙文进，2009）。杨传开等（2017）研究发现，受教育年限每提高1年，农民进城定居的可能性增加14.7%。因此，随着东莞外来人口的受教育程度不断提升，高学历人口不断增加，外来人口市民化的规模和程度将不断提高。

东莞经济发展在转型升级、创新驱动的引领下，产业向智能化、现代化转型发展，产业发展对劳动力的知识水平和技术能力有更高要求；随着我国人口总体受教育程度的不断提升，其与产业发展需求共同推动了东莞外来人口素质和学历水平的提高。东莞外来人口受教育程度越高，越有利于社会生活方式的普及、社会文明程度的提高，市民化的意愿越强，越有利于市民化进程的推进。

（二）就业结构分析

东莞外来人口在工业中的就业比重呈现下降趋势。选取代表性年份数据进行对比（见表4-2），可以看出东莞外来人口在产业分布中的变化，2013年前外来人口在工业中的比重居高不下，在工业企业中就业比重较高，平均80%以上。受近些年"机器换人"及产业转型升级影响，近两年外来人口在工业中就业比重明显下降，2016年外来人口在工业中的就业比重下降到76.28%。外来人口在农业中就业比重始终保持较低水平。数据显示，2000年，外来人口在农业就业比重为3.60%，随后基本维持在2%左右。这与东莞产业结构密切相关，2005年以来，东莞农业产值在经济中比重维持在0.3%，外来人口在该产业中就业比重也相对较低。2000年以来，外来人口在商业、服务业行业中就业比重呈现变化一致的趋势。2000年以来，外来人口在商业类行业中就业比重从7.60%逐渐上升，2008年达到10.50%；在服务业中就业比重也从2000年的5.31%上升到2008年的7.88%；但2008年以后，受金融危机影响，外来人口在商业和服务业中就业比重都呈略微下降趋势。

表4-2　东莞市个别年份外来劳动力产业分布比例

单位：%

年份	工业	农业	商业	服务业
2000	83.45	3.60	7.60	5.31
2005	84.50	1.95	7.65	5.95
2008	79.71	1.84	10.50	7.88
2012	82.39	2.15	9.81	5.66
2013	81.12	2.01	9.62	5.01
2016	76.28	1.67	8.91	6.56

资料来源：历年《东莞统计年鉴》。

从以上数据分析看出，外来人口在产业中的分布受产业发展变化影响较大，但东莞作为全球制造业基地，外来人口在工业中就业比重始终较大。外来人口的行业分布结构性的变化反映了经济结构的变化。根据配第—克拉克定律，随着经济发展和人均收入的提高，经济结构不断调整，就业人口逐渐从第一产业向第二、第三产业转移。

外来人口从事一线基层工作的比重相对大。东莞市新莞人局提供的 2016 年外来人口数据显示（见图4-5），东莞外来人口中一线生产工占 83.90%，服务业工作人员占 5.80%；基层办事人员占 4.13%，商业工作人员占 3.33%，技术人员占 1.78%；单位负责人占 0.82%；运输工人占 0.24%；农林牧渔劳动者占 0.20%。从东莞外来人口从事工种结构来看，外来人口从事一线基层工作的占绝大比重，为 98.94%，从事技术和管理的比重仅 1.06%。可见，东莞外来人口大多从事基层工作，普工比例大。

东莞外来人口的就业结构与城乡二元劳动力市场制度密切相关，由于制度原因形成的劳动力市场的分割，形成了外来劳动力在职业构成上以一线生产工人为主。从以往的研究看，外来劳动力与本地劳动力之间既存在互补关系，也存在替代的竞争关系，总体上为补缺而非替代（杨云彦，2000；王桂新，2001）。这种关系反映到职业结构和产业结构上，表现为城市高端、正规的就业岗位主要为本地劳动力所从事，而低端的、非正规的就业群体主要是外来人口，尤其是外来农民工。

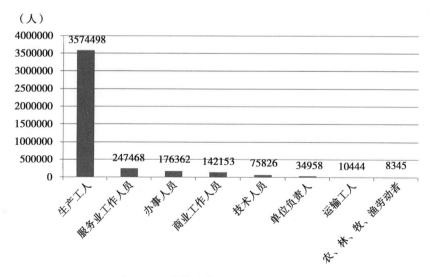

图4-5 东莞外来人口工种构成统计

资料来源：东莞市新莞人服务管理局。

（三）技能构成分析

通过对人力资源局新莞人统计数据中技能人才（持有各类技能证）数据（见图4-6）分析，发现东莞技能人才主要集中在制造业上，比重高达50%，其次是住宿和餐饮业（19%）、租赁和商务服务业（8%），一定程度上说明，较之服务业等其他行业，目前东莞市制造业发展的技能人才储备相对充足。

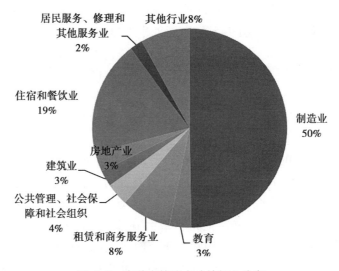

图4-6　东莞市技能人才的行业分布

资料来源：东莞市新莞人服务管理局。

东莞外来人口的技能结构受产业特点影响。改革开放以来，大量的"三来一补"涌入东莞，而这些企业多是劳动密集型企业，因此，吸引了外来人口从事一线生产，"三来一补"多是中小型企业，研发和营销在外，以来料加工、来件装配、来样制造为主，技术含量低，因此，技能型人才和研发人才比重相对较少，产业发展需要大量熟练的一线产业工人。

综上，外来人员受教育程度、从业产业类型、从事岗位工种和技能水平是影响外来人口市民化的重要因素，外来人口的学历结构、就业结构和技能结构的变化对外来人口市民化的规模和公共服务的需求将有一定影响。

三、人口地域结构变化

东莞外来人口主要来自周边省市。根据东莞移动通信市场监控中心大数据组提供的2015年2月手机用户数据，根据身份证识别出外来人口，可以发现（见图4-7），东莞手机用户联系全国各省长途行为的前十个省份占东莞联系全国所有省份的83.70%，分别是湖南、广西、江西、福建、贵州、四川、重庆、湖北、河南、浙江，说明东莞外来人口主要来自这些省份，联系强度越大，外来人口越多。

　　通过东莞手机用户长途行为分析，发现东莞外来人口数量较多的前十个镇对外联系的数量和占整个东莞对外联系的59.99%，这与东莞外来人口在镇街分布具有一致性，长安、虎门、厚街、塘厦都是东莞外来人口较多的镇街。从图4-7中可以看出，长安、厚街、虎门等镇对外省的长途通信联系较强，而南城、凤岗、大朗、常平、东城等镇对外省的长途通信联系相对较弱。

图4-7　东莞发达镇街手机用户长途行为联系主要省份

资料来源：东莞移动通信市场监控中心大数据组。

　　长安镇作为东莞对外联系最强的镇，也是外来人口最多的镇街之一，其对外省份的联系占比达到东莞所有镇街的9.68%，其中，长安镇与广西和湖南的联系为最高，分别为15.82%和20.02%，对前十个省份中的其他省份的联系强度大致相当。长安镇作为邻近深圳、地处广深走廊的重要镇街，是电子五金产业专业镇，而传统电子五金产业是劳动密集型企业，对劳动力有较大需求，因此，长安镇吸引了大量外来人口来此就业务工，导致此镇的对外联系强度最大。其次是厚街镇，其对外省份的联系占比为8.90%，其中厚街镇对湖南、广西、四川的联系最高，分别为17.51%、14.25%和9.39%。厚街镇作为家具产业专业镇，也是传统的劳动密集型产业，外来人口的涌入，导致此镇对外省的手机用户联系强度也较大。接下来是虎门和塘厦，其占比分别为

7.66% 和 6.20%。其中，虎门是服装加工产业专业镇，服装产业需要大量的熟练女工，虎门镇外来人口数量在镇街总量中占据第三位，其对外联系最强的省份为湖南、广西、湖北，其占比分别为 18.32%、17.45% 和 10.28%。塘厦是外来人口最多镇，并且毗邻深圳，大量的深圳企业将加工制造部门布局在距离深圳较近，并且土地成本较低的塘厦，因此，塘厦是东莞镇街中外来人口最多的镇街。其对外联系最强的省份也是湖南、广西和湖北，其占比分别为 18.80%、15.12% 和 9.14%。虎门、塘厦及东城作为东莞 GDP 占比高、面积较大的镇，其人口流动相对较大是造成对外联系强度大的主要原因。东城、大朗、寮步、常平、凤岗和南城对外联系强度占比分别为 5.70%、5.32%、4.62%、4.61%、3.91% 和 3.37%。

根据新莞人局提供的外来人口数据，对省内外来人口的来源统计分析发现，广东籍非东莞外来人口主要来源于茂名、潮州、梅州、湛江及河源等粤东粤西经济欠发达地区。省内非莞籍外来人口规模比重仅次于湖南。非莞籍省内外来人口主要来自茂名、潮州、梅州、湛江、河源、揭阳、韶关、清远、阳江、肇庆、汕头和汕尾。省内外来人口的来源分布体现了地理的邻近性，以及发达地区对欠发达地区的人口拉力。人口在地区之间的迁移流动，经济收入水平的差距、农村劳动力剩余和城市劳动市场短缺的需求是促使人口流动的经济因素。

蔡禾和王进（2007）发现，农民工对城市生活方式的认同程度越高，从乡村向城市迁移的意愿越强烈；而来源地距离迁移城市的距离越远，相应的迁移成本越高，农民工的迁移意愿越低。夏怡然（2010）发现，来源地与定居地距离等因素显著影响农民工的定居地选择意愿。外来人口的来源地是影响外来人口市民化的重要因素，外来人口来源地的结构和规模变化也会影响到市民化的规模及需求。

第三节　东莞外来人口市民化阶段与行为特征

市民化是一个循序渐进的过程，外来人口在流入地城市居留时间与其市民化进程密切相关。虽然国内学者对人口市民化阶段和影响因素形成一系列判断，但现有研究对市民化过程的阶段判别及时间节点尚无明确的分析，从时间维度上判断外来人口市民化的过程与阶段缺乏明确的判断依据，现有诸多研究文献缺少深入研究。东莞作为我国快速城镇化的代表，城镇化率从 1980 年的 17.59% 快速上升至 2016 年的 88.68%，同时是外来人口比例最高的城市之一，外来人口的比重高达 75.67%。以东莞为研究对象，探讨快速城镇化地区外来人口市民化的阶段，以及农业转移人口市民化过程中带眷、居住、就业和入户等行为具有重要的研究意义。本部分在对东莞外来人口大数据进行统计分析的基础上，结合外来人口在莞居留时间的人口特征和行为特征进行对比分析。

一、东莞外来人口市民化阶段判断

本研究数据来自两个方面：首先，判断市民化过程阶段的数据来源于东莞市人力资源局下属新莞人服务管理局提供的外来人口（又称"新莞人"）样本登记数据（时间跨度 2008～2015 年，总登记人数为 433.43 万人），包含性别、户籍、年龄、婚姻状况、文化程度、在莞（文中将"在东莞"简写为"在莞"，下文同）时长、职业、来源地等信息，其中，数据信息完整、筛选符合外来人口的样本总数为 29.15 万人。

其次，外来人口市民化行为特征研究数据来自抽样调查，调查时间是 2015 年 4 月至 2016 年 11 月，分别在东莞长安镇、茶山镇对居住满 3 年和居住满 7 年的外来人口样本进行问卷调查。此次调查共发放问卷 500 份，回收问卷 451 份，其中有效问卷 436 份，问卷有效回收率为 96.67%。通过甄别外来人口调查对象，对调查对象进行面对面的问卷调查和访谈；调查内容主要涉及与外来人口市民化过程密切相关的带眷、居住、就业和入户行为。其中，带眷行为关注其配偶、父母和子女在莞生活和居住情况，以及其子女是否在接受本地教育；居住行为关注当前居住方式（单位宿舍、在外租房、自购房等）和在东莞本地购房的情况；就业行为关注其在莞务工目的、从事行业类型和工资收入水平；入户行为则关注其是否将户口迁入东莞的选择和原因，以及长期留莞的意愿。

运用外来人口来莞时间的人口数据，以在莞时间为横轴进行叠加，形成在莞年数的外来人口数量柱状图及累计百分比图（见图 4-8）。结果显示，外来人口的在莞年数呈现两个明显的时间节点（满 3 年和满 7 年）：在莞 3 年以下的在莞农业转移人口数量较大，累计比例达 67.64%；随着时间的推移（在莞满 3 年以上 7 年以下），外来人口在莞数量不断减少，比重为 29.03%，而在莞满 7 年及以上的在莞外来人口比重更是只有 3.33%。值得关注的是，在莞满 7 年的在莞外来人口累计百分比高达 96.67%，意味着在莞居住和工作满 7 年以上的外来人口具有更强的稳定性，随时间推移选择离莞的比例很少，已经真正实现了本地市民化。

基于以上分析，本书对东莞外来人口市民化的阶段进行划分：当外来人口在本地生活和工作满 3 年视作市民化的开始阶段，生活和工作满 3 年以上 7 年以下

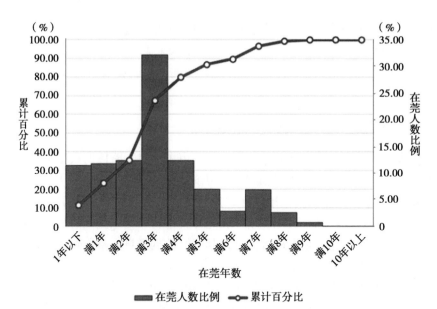

图 4-8　东莞外来人口在莞年数数量柱状图及累计百分比图

资料来源：东莞市新莞人服务管理局。

可视为正在市民化的阶段，生活和工作满 7 年可以视为市民化的稳定阶段。

二、外来人口市民化不同阶段的人口特征

根据上述分析，东莞外来人口在莞居留时间可以识别出在莞满 3 年和在莞满 7 年两个时间节点，基于数据信息完整性的原因，本部分选取茶山和长安两个镇街新莞人数据作为分析样本，就不同居留时间的人口特征进行分析，对比分析两个时间节点的人口结构特征差异[①]。

（一）开始市民化阶段的人口特征

开始市民化阶段（在莞满 3 年）的外来人口以青壮年产业工人作为主体，具有男性化和低龄化的结构特征，学历层次水平相对较低，职业类型以制造业为主，开始市民化阶段人口的婚姻结构差异不明显。

新莞人服务管理局登记的在莞居住满 3 年外来人口（又称新莞人）样本显示，在开始市民化阶段外来人口的男性比例（54.79%）高于女性比例（45.21%），性别结构比为 1.21，男性人口比女性人口占比多 10 个百分点；年龄结构以青壮年劳动人口为主，相对集中在 22～35 岁（占比为 68.12%），50 岁以上的外来人口比例仅占 4.14%；学历层次结构整体处于较低水平，初中

---

① 在流入城市居住或工作 3 年以下人口由于流动性大，特征不明显。

学历所占比例分别高达90.65%，其次是高中学历（4.75%），大学本科以上的比例仅为0.73%；而从事的职业类型以制造业为主，所占比重高达80.75%，其次是服务业（11.02%）；外来人口的婚姻结构则相对均衡，已婚人口（51.08%）和未婚人口（48.91%）所占的比重相当。

通过比较长安镇和茶山镇新莞人局登记（在莞居住或工作3年以上7年以下）样本，发现两镇外来人口性别比例情况几乎一致，男性的比例大于女性，约高10个百分点。而婚姻结构在两个镇街出现较大的差距，茶山镇新莞人已婚的比例（62%）远高于未婚的比例（38%），而长安镇新莞人已婚和未婚的比例相当。

从茶山镇和长安镇外来人口样本（在莞居住或工作3年以上7年以下）学历结构看出，两镇外来人口学历层次整体处于较低水平，初中教育所占比例分别为91%和92%，高中学历均为4%，样本（在莞居住或工作3年以上7年以下）中外来人口以高中以下学历为主。而从外来人口从事的行业类型看，茶山镇和长安镇从事第二产业的工人较多，所占比例分别为93%和81%，而从事服务业类型的服务员比例分别为3%和11%，长安镇经济发展水平较高，服务业相对发达，外来人口从事第三产业的比例也较高。

年龄结构以青壮年为主（见图4-9），邻近周边省份是外来人口来源地（见图4-10）。茶山镇的样本数据主要在18～62岁，主要集中在22～38岁青壮年劳动人口，而长安镇的样本数据更集中于20～36岁，50岁以上的新莞人比例较少，说明在莞居住满3年以上7年以下的外来人口主要为劳动人口，青壮年产业工人是市民化的主体。而从来源地看，分布前三位为湖南、广西和广东周边邻近省份，另外，四川、湖北也是来莞外来人口主要来源地。

（二）稳定市民化阶段的人口特征

稳定市民化阶段（在莞满7年及以上）的在莞外来人口具有明显的大龄化、已婚化、高学历化等特征，男性人口比例不断提升，就业结构和来源地结构的变化相对稳定，婚姻家庭因素对于市民化程度加深起着重要作用。

新莞人服务管理局登记的在莞居住满7年的在莞外来人口样本显示，性别比例中，依然是男性比例（54.71%）大于女性比例（45.28%），男女性别比例没有发生显著改变；而已婚人口的比重远高于未婚人口，在莞居住满7年的已婚人口比例高达61.47%，比在莞居住满3年的已婚人口比例提高了10.39个百分点；在学历结构中，在莞居住满7年的初中学历人口比例有所减少，从90.65%下降至80.44%，而高中和大学本科以上学历的人口比重分别增加了6.51个百分点和2.31个百分点；在莞居住满7年的外来人口从事行业类型依然以制造业为主，所占比例达88.44%。随着农业转移人口在莞时间的推移，

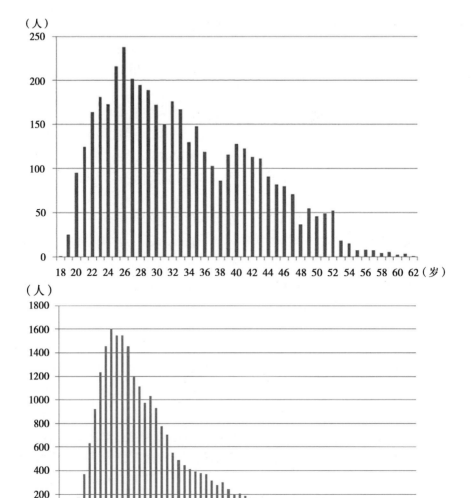

图 4-9　茶山镇（上）和长安镇（下）外来人口样本（3 年以上 7 年以下）年龄分布
资料来源：东莞市茶山镇、长安镇新莞人服务中心数据。

大龄段人口的比例则有所增加，35 ~ 50 岁的人口占比上升至 37.71%，在莞满7 年的 40 岁以上的外来人口比例有所上升。

在莞男性比例不断提升，已婚是该时间段内外来人口的重要特点。通过比较长安镇和茶山镇新莞人局登记在莞居住或工作满 7 年及以上外来人口样本，性别比例中依然是男性的比例大于女性，而茶山镇在莞满 7 年及以上阶段样本男性所占的比重与在莞满 3 年以上 7 年以下样本相比增加了 4 个百分点，而长安镇两阶段样本相比也上升了 1 个百分点。从婚姻比例看，两个镇

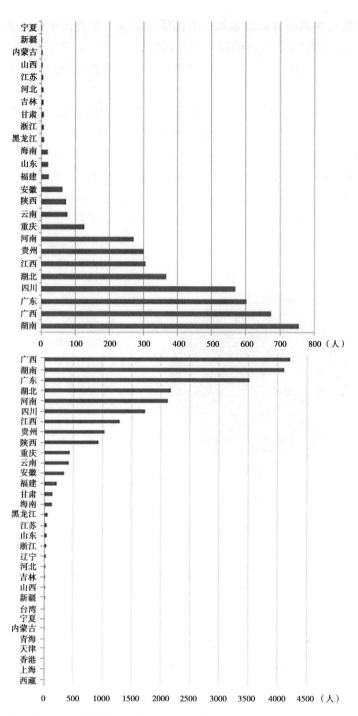

图4-10 茶山镇（上）和长安镇（下）外来人口样本（3年以上7年以下）来源地分布
资料来源：东莞市茶山镇、长安镇新莞人服务中心数据。

已婚的群体比未婚的群体比重高，茶山镇在莞满 7 年及以上阶段的样本与在莞满 3 年以上 7 年以下阶段的样本的已婚比例从 62% 上升至 73%，而长安镇则从 50% 上升至 61%，婚姻家庭因素对于外来人口市民化程度加深起着重要作用。

学历结构水平不断提升，在莞满 7 年及以上阶段的人口样本学历结构没有发生很大变化（见图 4-11），整体学历水平较低，茶山镇和长安镇新莞人中初中教育学历所占比例达 84% 和 85%，但高中以上教育学历的比重比在莞满 3 年以上 7 年以下阶段的样本的比例有所上升，说明随着在莞时间的推移，居留人群的高素质人口比重逐渐增大。而样本人口从事的行业类型依然以第二产业为主，茶山镇和长安镇所占比例分别达 79% 和 85%。

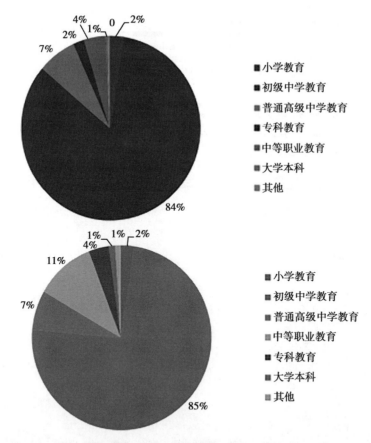

图 4-11　茶山镇（上）和长安镇（下）（在莞居住或工作 7 年及以上）学历结构与职业结构

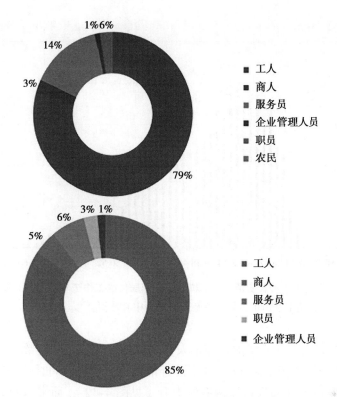

图 4-11　茶山镇（上）和长安镇（下）（在莞居住或工作 7 年及以上）
学历结构与职业结构（续）

资料来源：东莞市茶山镇、长安镇新莞人服务中心数据。

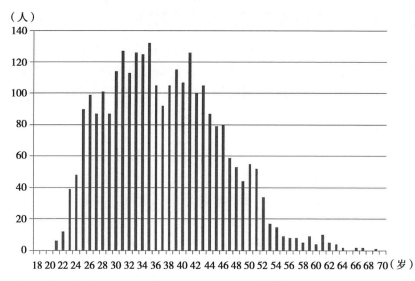

图 4-12　茶山镇（上）和长安镇（下）样本（在莞居住或工作 7 年及以上）年龄分布

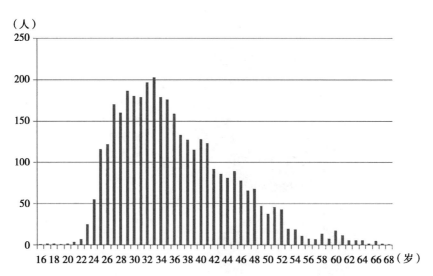

图 4-12　茶山镇（上）和长安镇（下）样本（在莞居住或工作 7 年及以上）年龄分布（续）
资料来源：东莞市茶山镇、长安镇新莞人服务中心数据。

　　40 岁以上比重有所增加，外来人口来源地变化稳定。年龄分布中，随着在莞时间的增加，茶山镇 40 ~ 44 岁的年龄段比重增加，同时长安镇在莞 7 年以上的 40 岁以上外来人口比例有所上升（见图 4-12）；而来源地分布前三位的为湖南、广东和四川，来莞广东的比重排名从第三位上升至第二位，如图 4-13 所示。

三、外来人口在不同市民化阶段的行为特征

　　根据前述外来人口在莞居留时间分析，由于在莞居留 3 年以下的外来人口流动性大，特征不明显，因此，这里选取开始市民化阶段（居留满 3 年以上、7 年以下）和稳定市民化阶段（居留满 7 年及以上）的外来人口带眷、居住、就业和入户行为特征进行对比分析。

（一）带眷行为特征

　　家庭式迁移成为外来人口在莞行为的重要特点，带眷行为对城市提供教育、养老等公共服务设施有重要影响。本次调查中，"家庭成员生活居住情况"问题的统计结果表明，在莞居留满 3 年以上、7 年以下阶段的人口样本携眷比例低（16.2%），在莞居留满 7 年及以上的人口样本携眷比例高（46.8%）；在莞外来人口夫妻双方同时在莞的特征比较明显，总样本中夫妻同来莞比例为52.31%，其中，已婚人口中夫妻同在莞比例更是高达78.62%，夫妻二人共同外出的家庭式迁移成为市民化进程中的一个重要特征。

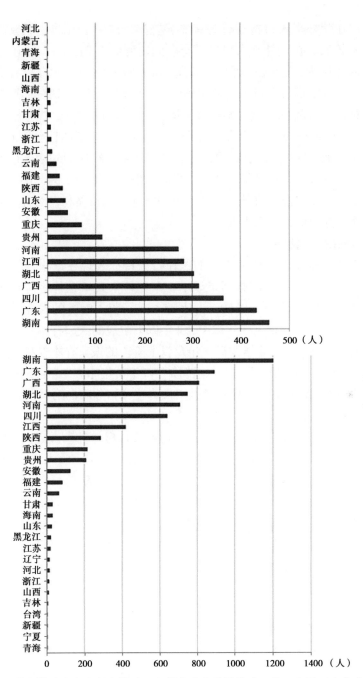

图 4-13　茶山镇（上）和长安镇（下）样本（在莞居住或工作 7 年及以上）来源地分布
　资料来源：东莞市茶山镇、长安镇新莞人服务中心数据。

而且，在莞外来人口携眷行为有显著差异，携带子女的比例较高，携带父母的比例较低。在莞外来人口携带子女的比例约占21.07%，而已婚人口中携带子女的比例为32.85%；而绝大部分（82.64%）的外来人口没有携带父母来莞，已婚人口中携带父母来莞的比例仅为12.27%。已有研究也有类似判断，如洪小良对北京的调查发现，夫妻同在北京的比例为66.5%，携带小孩的比例为36.2%；而杨菊华的分析结果显示，夫妻同在外地务工的比例为63.6%，携带子女的比例为47.6%。调查结果说明，家庭迁移已经成为外来人口市民化的重要模式，带眷行为中携带子女比例明显高于携带父母的比例，这一行为特征意味着外来人口在积极争取子女在城市中的教育资源和福利，而流入地城市要在教育设施等方面加大投入力度。

（二）居住行为特征

调查表明，东莞农业转移人口的居住行为特征表现在以租房和宿舍居住为主，自购房比例较小。调查结果显示，东莞外来人口在外租房比例高，达56.48%，其次为在单位宿舍居住，占比35.65%，仅1.85%的农业转移人口拥有自购房，其中在莞居留满3年以上、7年以下阶段的人口样本在单位宿舍居住比例高，占43.5%，在莞居留满7年及以上阶段的人口样本在外租房比例高达82.7%。选择"在外租房"的农业转移人口年龄集中在25～33岁，73.66%的婚姻状况为已婚，职业类型以普通工人为主（占59.26%），在莞居住时间较长。

虽然在莞外来人口自购房比例较小，但购买住房是外来人口长期居住和实现市民化的重要表现。在拥有自购房的1.85%的人口中，收入水平相对较高，超过1/3（37.5%）的样本月收入超过5000元；工作年限较长，且以技术工人和中高层管理人员为主。针对"是否考虑在东莞买房"的问题，72.2%的外来人口没有考虑过买房，有27.8%的人表示未来几年内再考虑买房事宜，多数受访者表示即使想买房，但过高的房价也使得他们望而却步。研究表明，住房需求是外来人口在莞最基本的需求之一，流入地政府要加大对外来人口住房方面的保障，尤其是加大廉租房、公租房等保障房的供给，确保外来人口能够在城市中住得下、留得住。

（三）就业行为特征

收入低和换工频次高是来莞农业转移人口的主要就业行为特征。"当前收入水平"的调查结果显示，调查样本的月收入主要在2000～4000元，占比为77.31%，其中，40.97%来莞农业转移人口月收入在2000～3000元；36.34%的来莞农业转移人口月收入在3000～4000元，在莞居住和工作的时间越长，收入整体越高，在莞居留满7年及以上阶段的调查样本比在莞居留满3年以

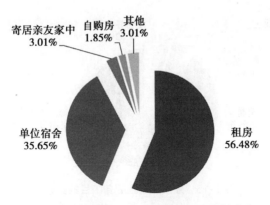

图 4-14 农业转移人口在莞居住行为比例分布

上、7 年以下阶段的调查样本整体高 1000 元左右。针对"来东莞期间换工作的次数"的调查问题，69.21% 受访外来人口有 3 次以上的换工作频次，换工作次数达到 5 次及以上的占 6.74%，在莞时间越长，换工频次越高，但随着居住时间的延长，换工周期变长，也就是工作相对更稳定。

根据刘易斯的解释，工业部门的工资水平远高于农业，工资水平的差距使劳动力不断从乡村向城市转移。农业转移人口到流入地是为了获取更高的收入，因此就业行为是农业转移人口在流入地最重要的行为之一。针对"外出务工的目的"的提问，在莞外来人口普遍认为"养家糊口"是其工作的主要目的，占全部调查样本的 57.87%，而"提升自身能力"是来莞打工的第二目的，这两项占全体样本的 90.51%（见图 4-15）。从"来东莞工作时间"问题的结果看，在莞外来人口集中在 3 年内占比 39.58%，时长在 4～6 年的群体占比 32.41%，在莞工作 7 年以上的占比 10.64%。可以推断，在莞时长 3 年以下的外来人口数量较多且对于市民化的考虑并不成熟，而在莞 7 年以上的外来人口更具有稳定性且市民化的意愿相对较强，应该视为推动人口市民化的主要对象群体。

（四）入户行为特征

引导外来人口长期留莞乃至入户是推动外来人口市民化的关键环节，在"是否愿意长期留在东莞"的问题中，有迁移入户意愿的比例不高，解决子女入学是影响入户的关键因素，影响入户意愿的主要因素是"不愿放弃乡村生活"。针对"是否愿意将户口迁入东莞"的问题，仅 15.30% 的受访者愿意入户东莞；有 28.08% 的受访者不愿意入户东莞，针对"不愿意将户口迁入东莞的原因"的问题，比例最高的选项是"不愿放弃乡村生活"，占 29.31%，其次是"房价水平高"（27.23%）和"生活成本高"（19.37%）；样本中"愿意入户"

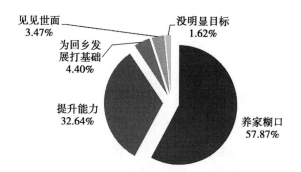

图 4-15　外来人口在莞务工目的比重

的样本仅占 15.30%，而入户的最主要原因是解决子女入学问题，入户目的为"方便子女入学"的比例高达 81.42%。如图 4-16 所示。

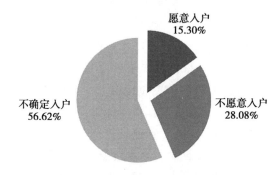

图 4-16　外来人口入户意愿比例

可见，外来人口中入户东莞实现市民化的意愿程度比较低，根本的原因在于目前的城乡户籍制度和农村土地制度，外来人口不愿放弃农村土地承包权和宅基地使用权，而选择入户主要是为了解决子女入学问题。因此，解决外来人口随迁子女入学教育问题是引导外来人口市民化的重要工作。

四、基于外来人口在莞时间特征的市民化建议

根据前述分析可知，东莞作为快速城镇化的城市，其城镇化的过程是典型的"压缩型城市化"过程；改革开放以来，大量外来人口涌入东莞，由于户籍制度维持福利分割作用，外来人口处于"半城市化"的阶段，外来人口市民化与城市化进程是分割的，外来人口市民化表现为低福利特性。金融危机以后，随着外出务工人口增长规模下降，城市化发展进入均福利的阶段，外来人口不再以简单的短期收入为目的，而是希望能够像城市居民一样均等地享有城市的

公共服务及城市福利，更多地长期享有城市的社会福利，更主要的是希望下一代能够接受流入地本地的优质的教育服务，融入流入地城市成为城市居民（李郇，2012）。

相关研究表明，随着居住时间的增加，更易融入城市（黎智辉和黄瑛，2013；刘杰、张红艳和陈政，2018；悦中山，2011）。王桂新、沈建法和刘建波（2008）对上海农民工的调查研究表明，居住时间及受教育水平和城市农民工的市民化水平相关性相对最强。现有研究证明，在城市居留的时间对外来人口市民化程度会产生积极影响。在实践上，随着外来人口市民化需求增加，东莞、上海、长沙等城市政府相继推出根据居住年限提供相应的公共服务的政策，《国家新型城镇化规划（2014—2020年）》也提出"以居住证为载体，建立健全与居住年限等条件相挂钩的基本公共服务提供机制"。随着城市政府以时间为重要依据，将连续居住或工作时间作为其中的重要标准来有序推进外来人口的积分入户和积分入学，通过与居住或居住年限挂钩，逐步提供外来人口在城市的公共服务和福利待遇。可见，外来人口在迁入城市连续居住或工作的时间时长，在实践上作为让外来人口获取并享有公共服务逐步实现市民化的一个条件或标准。

本书在对具有时间属性的人口数据进行分析的基础上，将农业转移人口市民化阶段划分为开始阶段和稳定阶段，分析了农业转移人口在不同市民化阶段的不同特征，发现了农业转移人口在市民化阶段的带眷行为特征、居住行为特征、就业行为特征和入户行为特征差异，有利于了解农业转移人口在市民化过程中关注的城市福利与社会保障，为推动农业转移人口市民化提供了决策参考。

（一）优化顶层制度设计，完善农业转移人口市民化通道

不断优化外来人口市民化的顶层制度设计，积极推进户籍、就业、社保、住房保障等制度改革，打破市民化制度障碍。从前文分析可以看出，外来人口带眷行为日益增多，以家庭迁移为主，在随迁子女入学、居住、就业等方面因为户籍身份等制度制约，不能享受"同城同待"待遇，居住证制度的推行在一定程度上提供了享受公共服务的路径和通道，但城乡二元的户籍制度、土地制度、就业制度等依然存在并影响外来人口同等享受其所在城市的福利待遇。因此，首先，在迁移入户过程中，不以退出土地承包经营权、宅基地使用权、集体收益分配权作为农民进城落户的条件；其次，完善城乡一体的就业、失业、社会保障制度；最后，提供与城镇居民同等的居住保障制度，如针对非户籍农业转移人口，连续居住满7年及以上的新莞人可以向政府申请购买保障房和经济适用房。

（二）优先推动家庭迁移、稳定就业等行为特征的外来人口市民化

在外来人口市民化行为特征分析中发现，在流入地居住工作年限越长，市民化意愿越强、就业越稳定、购房需求越强、入户意愿越高。

首先，根据带眷行为特征分析，应优先考虑以家庭整体迁移的外来人口市民化，将夫妻同来、携带子女的外来人口作为优先考虑对象。

其次，根据外来人口居住行为特征分析可知，拥有自购房、在外租房年限长的外来人口具有市民化的意愿和条件，政府应在逐步提供经济房、廉租房的基础上，减轻其市民化的成本和住房压力以逐步实现市民化。

最后，由于稳定就业的外来人口已进入稳定市民化阶段，应优先考虑居住年限 7 年以上、执业技能熟练、有能力在城镇稳定就业和生活的常住人口有序实现市民化。

（三）通过推进公共服务均等化逐步提高市民化福利

根据前述分析可知，外来人口在流入地城市的稳定就业、基本住房、随迁子女入学等问题是影响他们能否在流入地城市长期居住的关键因素，在外来人口市民化过程中，应优先解决外来人口在市民化过程中的关键需求。

首先，携带子女和夫妻同来是外来人口带眷行为中影响市民化的最重要因素，因此子女能否在流入地入学影响外来务工人员长期在流入地务工居住和进一步市民化。地方政府应扩大学位供给，积极提高教育质量，解决外来人口在居住地的后顾之忧。

其次，完善城乡一体的就业、失业登记救助、社会保障等制度，在职业介绍、政策咨询、技能培训、创业扶持等方面提供均等化服务。

最后，流入地政府要加大对外来人口住房方面的保障，尤其是加大经济适用房、公租房等保障房方面的供给，确保外来人口能够在城市中住得下、留得住。

（四）坚持以居住年限提供公共服务的策略

在现行的财税体制下，城市政府在积极推进市民化的过程中，应充分考虑地方财政承担能力，坚持以居住年限提供相应公共服务的市民化策略。根据前述外来人口市民化过程的两个阶段的群体特征分析，开始市民化阶段的外来人口居住时间短、以青年为主、结婚和家庭迁移少，对教育、居住、文化、医疗需求不多，而稳定市民化阶段群体居住时间长，呈现大龄化、已婚化等特点，对子女入学、居住、就业、社会保障、医疗等需求增加。因此，在快速城镇化地区，在地方财政支出有限的情况下，应逐步改善社会福利待遇，"同城同待"应以居住年限为依据，有序推进，以就业能力强、连续居住、产业发展急需等人群为重点，根据公共服务供给投入和需求情况，逐步扩大公共服务的覆盖面，在财政支付承受范围内逐步推进外来人口的市民化。

第四节　东莞外来人口离莞时空特征

大量的外来人口在东莞各镇街间流动，也有部分劳动人口在珠三角各城市间流动，或者离莞返乡回流，为更全面地了解影响外来人口市民化的因素，本部分通过对东莞人力资源数据对离莞劳动力的特征和离莞空间分布进行分析，从侧面剖析外来人口市民化的影响因素。

一、东莞外来人口离莞时空特征分析

（一）离莞外来人口时间特征分析

东莞人力资源数据显示，离莞劳动力在时间上先增后降并有趋稳趋势，男性比女性离莞多，高学历离莞比例降低，离莞劳动力多集中在通信电子行业、其他服务业、通用设备制造业等。数据显示，2012 年以来，每年离开东莞的劳动力数量呈现先增加后减少的趋势，2014 年离开东莞的人最多，超过 200 万人，随后便逐年下降，变化率维持在 –10% 上下，如图 4–17 所示。

男性离莞占比不断增大。东莞人力资源数据显示，较之 2012 年，离莞劳动力中男性比例不断增加，从 54.68% 增加到 2017 年的 61.47%。

离莞劳动力中高学历水平占比逐渐下降。2012 年和 2017 年离莞劳动力中，高学历劳动力的占比在不断减少，博士、硕士、本科、专科的比例都在减少，而初中学历劳动力比重在增加。一方面说明东莞劳动力学历水平整体不断提高，另一方面可能说明东莞对高学历人才具有一定吸引力。

离莞劳动力多集中在通信电子行业和发达镇街，且占比在增加。数据显示，离莞劳动力主要集中在通信电子、其他服务业、通用设备、金属制品、塑料制品等行业，其中通信电子行业离莞人数最多。从 2012 年到 2017 年，通信电子离莞人数呈现快速增加的趋势，占当年所有离莞人口的比重从 2012 年的 16.77% 增加到 2017 年的 22.71%，且通信电子与第二个行业占比的差异从仅有 1.7% 增加到近 10%（见图 4–18、图 4–19）。通信电子行业的劳动力锐减，一方面，由于近年来东莞企业大力推动"机器换人"政策，而以手机、电脑等产品为代表的通信电子行业是这股浪潮中的先行军，自动化设备的实施带来大量劳动力的失业。另一方面，行业就业人口减少的信号不断警醒企业，要从传统的"人口数量红利"转向"人口质量红利"，通过吸引高技能人才推动企业发展。

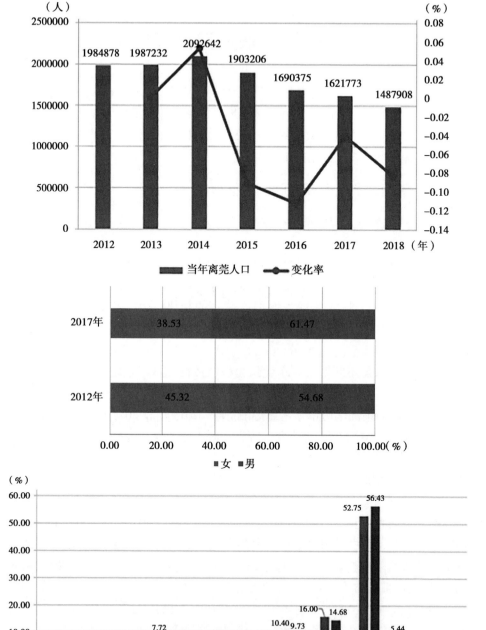

图4-17 2012～2017年东莞离莞人数、性别结构、学历水平对比

资料来源：东莞人力资源数据。

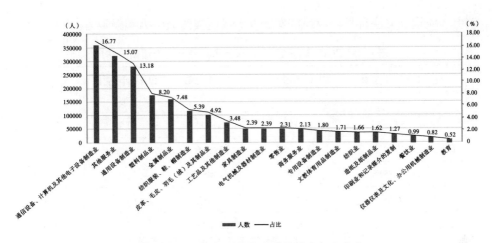

图 4-18　2012 年东莞市离莞劳动力行业分布
资料来源：东莞人力资源数据。

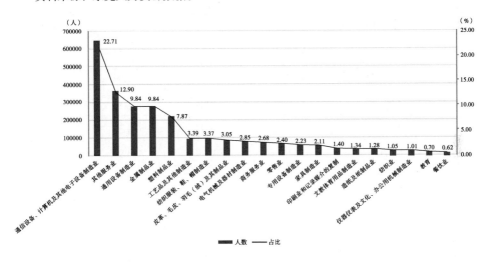

图 4-19　2017 年东莞市离莞劳动力行业分布
资料来源：东莞人力资源数据。

（二）离莞外来人口空间特征分析

从离莞劳动力的空间分布看，经济发达镇街反而是离莞劳动力比较集中的地方，离莞数量排在前五位的分别是长安镇、塘厦镇、清溪镇、厚街镇和东城街道。从时间序列上看，共有 11 个镇街的离莞劳动力占比在不断增大，其中长安镇不仅是离莞劳动力总量最大的镇街，也是占比增加最多的镇街（见表4-3）。对离莞劳动力不断增多的镇街，如何通过完善公共配套设施和服务来吸引劳动力成为工作重点。对离莞劳动力减少的镇街，在保持对劳动力的吸引基础上，应重点关注自身产业经济发展以形成更强的吸引力和凝聚力。

表 4-3　2012 年和 2017 年东莞市离莞劳动力镇街分布

镇街	2017 年总数（人）	2017 年占比（%）	2012 年总数（人）	2012 年占比（%）	占比差（%）
长安	372927	13.15	233403	10.90	2.25
塘厦	250011	8.81	171946	8.03	0.79
清溪	185515	6.54	123852	5.78	0.76
厚街	164618	5.80	148482	6.93	−1.13
东城	133164	4.69	107237	5.01	−0.31
虎门	132874	4.68	120263	5.62	−0.93
凤岗	123334	4.35	95168	4.44	−0.10
寮步	122963	4.33	88150	4.12	0.22
南城	107305	3.78	75274	3.51	0.27
石碣	99404	3.50	63028	2.94	0.56
东坑	99043	3.49	45093	2.11	1.39
常平	97565	3.44	92098	4.30	−0.86
大岭山	96709	3.41	84297	3.94	−0.53
高埗	84332	2.97	57539	2.69	0.29
黄江	78182	2.76	72753	3.40	−0.64
大朗	74221	2.62	57384	2.68	−0.06
横沥	69298	2.44	55585	2.60	−0.15
桥头	54890	1.94	47146	2.20	−0.27
松山湖	52185	1.84	11545	0.54	1.30
茶山	47398	1.67	35997	1.68	−0.01
莞城	46615	1.64	38206	1.78	−0.14
沙田	38391	1.35	29913	1.40	−0.04
万江	37164	1.31	33095	1.55	−0.24
企石	36408	1.28	26925	1.26	0.03
石排	36039	1.27	31815	1.49	−0.22

续表

镇街	2017 年总数（人）	2017 年占比（%）	2012 年总数（人）	2012 年占比（%）	占比差（%）
谢岗	35590	1.25	23456	1.10	0.16
樟木头	32858	1.16	41609	1.94	−0.78
麻涌	26073	0.92	24624	1.15	−0.23
道滘	25006	0.88	23938	1.12	−0.24
石龙	23210	0.82	25686	1.20	−0.38
中堂	19207	0.68	22702	1.06	−0.38
洪梅	14700	0.52	14822	0.69	−0.17
望牛墩	13738	0.48	13848	0.65	−0.16
市局	5652	0.20	4742	0.22	−0.02

资料来源：东莞人力资源数据。

二、东莞外来人口离莞的影响因素分析

（一）劳动力需求端影响分析

1. 金融危机对外来劳动力需求的影响分析

首先，随着中国廉价劳动力和人口红利优势的减弱，金融危机后，外部对中国出口需求的下降，沿海地区以低端、劳动力密集型的产业集群和集聚为主导的发展模式受到挑战（朱晟君和王翀，2018）。厚街镇某家具企业 HR 负责人杜先生对金融危机对企业的影响感受很深，他谈道，"倒闭的企业很多。人越来越少，鼎盛时候即 2008 年前我们有员工 3000 多人，外销差不多 500 多人，但是 2008 年以后就减少了很多，外销订单锐减，内销也有减少，我们现在稳定在 600 人左右。东莞人越来越少，不是东莞不好，内地城市的发展，成本、材料价格增加，产品附加值上升，中间型的、比较高端的产品市场接受度比较小。一方面订单被卡住变少了，另一方面对环保、噪声要求提高了，企业需要拿出一定的资产做环保。如果企业没有这样的实力就很有可能会倒闭"。长安镇某玩具制造企业负责人甘先生见证了金融危机造成产业萎缩的过程，"以前玩具厂在东莞有大大小小超过 1000 家，现在估计最多 100 家。以前这里有 3 家玩具厂，每家员工超过 3000 人，但现在合并成一个企业，只有 1400 多

人。萎缩的原因部分是玩具市场变小了，还有一些工厂迁移了，迁到印度、马来西亚等地方。新劳动法也对所有行业有影响"。

其次，在第二轮产业重构的过程中，在全球经济一体化的发展背景下，在全球化、去地方化共同作用下（朱晟君和王翀，2018），中国部分地区劳动密集型制造业出现了向东南亚转移的新趋势，这对外来劳动力的就业流动造成一定影响。"目前周围倒闭的厂很多，主要是因为越南的生产规模大了，越南人均工资1200元，是东莞的1/3。越南的规模比较大，冲击比较大。"塘厦某鞋业制造企业负责人罗先生感受颇深。长安镇某塑胶模具企业负责人兰先生有点担忧，说"中高端的企业，外资搬走的比较多"。

最后，随着国家不断推进"四个统筹"政策，中西部地区发挥人力资源优势，积极招商，部分企业内迁或设置分厂，造成部分外来劳动力回流，加剧了就业流动性。

厚街某制鞋业企业负责人林先生谈到其企业分厂的情况时，说"现在厚街的企业员工总人数600余人，年产值1.5亿~2亿元，2012年、2013年的时候，工人有3000人左右。但因为工厂的部分搬迁，进行了裁员，产量也有所减少。2015年，在四川南充开设分厂，因为四川有一些优惠政策，工人工资较为便宜，较东莞低1000元左右"。厚街某制鞋设备企业负责人罗先生作为制鞋设备供应商，比较熟悉制鞋企业的发展情况，他表示"厚街大概有2/3的鞋业转走。2013年厚街2000万元以上的企业有230家，后来转移到福建、温州、江苏、山东青岛等地区作为生产地，台资厂迁往越南"。

茶山某食品企业负责人陈先生表示内地有优惠政策，劳动力成本低，他们成功抓住了机遇。"我们抓住金融危机的影响这个机会，去湖北投资，招商有优惠政策，做内销；金融危机那一次也是行业的重新洗牌，食品行业倒闭的不少，很多小厂、有些大厂都是抵不过的，因此倒闭了。"

2. 新技术对劳动力需求的影响分析

伴随着历次工业革命中新工业技术革命的出现，新的生产方式将会带来就业结构的变化（王阳等，2017）。这种变化建立在自动化生产技术对不同任务的替代和创造上，自动化技术能够轻松胜任可编码的常规任务，从而导致部分从事简单机械重复的制造业职业逐渐消失，而对从事抽象推理、创造性和解决问题等任务的高技能职业需求不断增加（Autor et al.，2013）。第四次工业革命以制造业的数字化、智能化和网络化为特征，"机器换人"是其中的代表性生产组织方式。随着"机器换人"更加广泛的应用，简单机械重复、危险性高、污染大的生产环节以及机械重复的服务环节将被机器替代，研发设计、信息技术、数据技术和管理等领域将创造更多的就业机会（Lorenz et al.，2015；

Manyika et al.，2017）。"机器换人"对社会的影响不是单纯地削减传统工作岗位数量，而是重塑就业人口结构。

东莞作为"全球制造工厂"，制造业是东莞的战略性制造产业，在人口红利即将消失，区域竞争加剧，经济进入新常态的背景下，"机器换人"是推动传统制造业实现产业转型升级的一项重要举措，是以现代化、自动化的装备提升产业制造水平，推动技术红利替代人口红利，成为新的产业优化升级和经济持续增长的动力之源。对于技术进步、提升劳动力素质、提高企业生产效率、促进产业结构调整等具有重要意义。同时，对外来人口就业、就业结构调整、企业用工成本等会产生一定影响。

（1）新技术削减普通劳动力需求。根据 2014～2016 年东莞市"机器换人"应用项目汇总数据，2014～2016 年，东莞共有 2698 个"机器换人"项目，综合减少用工 25.3 万多人，劳动生产率平均提高 2.5 倍。

机电类制造业为实施"机器换人"的主要行业。目前东莞采用"机器换人"的企业主要集中于电子、五金、机械、模具等机电类制造企业，而传统的纺织、家具等劳动密集型企业实施机械化生产的比例较低。目前，国内工业机器人主要运用于冲压、焊接、打磨、码垛等潜在危险性高、劳动强度高的环节中，而且调研中的纺织和服装类企业认为机器生产代替不了人口操作的灵活性，只能尝试部分工序进行机器替换，机器人不能完成所有工序。如图 4-20 所示。

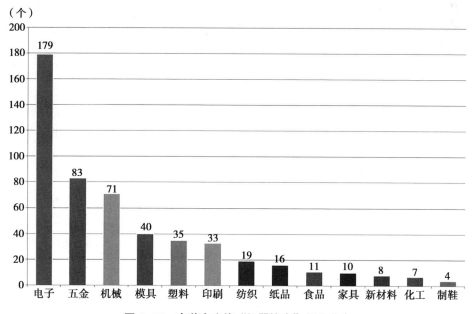

图 4-20　东莞市实施"机器换人"行业分布

机器化引入有效提升生产效率与质量。东莞市经济和信息化局的数据显示，2014 年已批准的 529 项企业"机器换人"，项目总投资规模达 179 亿元，减少人口规模超过 33000 人。部分调研企业数据显示：信易电热机械在实施前后产量增加 1935 件，劳动生产率从 8.15 件 / 人 / 小时提升至 13 件 / 人 / 小时，产品生产效率和合格率分别提升 59% 和 3%；佑威家具逐步对不同生产环节自动化改造，实现全员劳动生产率提高 57%，产品合格率提高 7%，单位产品成本下降了 13%，预计年节省生产成本 150 万元；广泽汽车饰品成型部改造后生产效率从 33.94 PCS/ 人 / 时上升到 38.30 PCS/ 人 / 时，良品率从 99.37% 上升到 99.88%，实现了减员、增效、提质、保安全的生产目标。

自动化设备大大减轻了企业对劳动力的依赖。面对转移劳动力数量减少导致的"用工荒""用工贵"现象，"机器换人"能有效解决制造行业中由于人口红利消失导致的劳动力供应不足问题。例如，胜美达电机引入自动绕线机和自动电焊机等机器替代传统手工绕线和手工电焊环节，实现节约用工 780 人，平均每台机器可以替代 8 个人的工作量；骅国电子投入 290 多万元更新设备，节约了 30 多名产业工人，并通过"相对减员"的方式扩大了企业生产规模；顺发针织的全自动电脑针织横机能替代 7 台手工半自动机器的产量，引入 24 台全自动针织横机，节省 120 名产业工人，按照工人平均工资 3500 元 / 月计算，预计回本周期不到一年。

政策出台加速企业实施"机器换人"策略。所调研的 7 家企业不约而同地反映，受到外部订单波动、人力成本剧增、劳动力供给量减少等市场因素的影响，企业在东莞市"机器换人"政策出台前已经购置机械设备投入生产中，如大朗镇早在 2010 年已经大规模采用数控织机进行毛纺织的生产；佑威家具在得知政府政策之前已经启动"机器换人"，从 2013 年开始已经每年投入 300 万元进行基础设备更换。而且，"机器换人"政策对企业的机械化生产有巨大的促进和刺激作用，受访企业对补贴政策表现积极态度，胜美达机电负责人表示："机器换人对企业是一种鼓励，政策出台以后又加大对机器的投入比例，补贴奖励的 10% 资金会继续投入以加大规模，今年将继续申请机器换人补贴"；而且，骅国电子负责人的观点相似："原来只是部分环节使用机器生产，现在（政策出台后）配置更先进更智能的设备，政策补贴对企业后期设备改造有很大的帮助，未来还会在'机器换人'领域投入。"

（2）技术升级催生新的就业岗位。"机器换人"过程中催生机器操作工、机器维修工、软件工程师和教育培训师等新职业的需求，同时机器人等新产业发展为社会提供新的就业机会。例如，美的库卡智能制造产业基地以生产工业机器人及零部件为主，将为顺德区创造出数以万计新的制造业岗位，同时将吸引研发设计、教育培训、会展服务和检测检验等服务型人才，支撑机器人产业发展。

"机器"与"人"尚未实现真正替代关系。国际经验表明，产业转型升级过程无可避免"机器"替代"人"，但保尔·勒冈（1984）指出，就业机会的消失并不等于解雇工人，一般使用机器人的企业都保证它们的职工转业到别的部门工作。目前，东莞市尚未出现"机器"完全替换"人"，企业在不同生产环节中依然需要劳动力，部分企业甚至有增加用工数量的趋势。信易电热机械负责人认为："生产基本上还是需要人的，换人的机器大部分是机加工、钣金等汰旧换新的设备，组装环节还没开始用机器。"

同样地，企业自身以纯服装替换下来的员工放到其他工序上，譬如毛衣缝制替换下来的工人会通过培训转到织片和缝盘的环节中。骅国电子转换下来的工人会换到其他生产品种岗位上，经过基本的岗前培训调配到产品质量检测和安全管理职位上。胜美达电机负责人还表示："由于操作简单化、作业强度减轻了，机器来了以后工人没有失落感，反而很欢迎机器到来。"

"换人"的环节和设备因行业类型不同而不同。制造企业"机器换人"的替代环节和设备来源与其所在行业类型和企业规模联系密切，不同行业之间机器替代劳动力实现自动化的比例有所区别：机械企业信易电热机械能将机器运用到备料、焊接、抛光、冲压、检测等全生产线各个生产环节中，家具企业佑威家具则涉及开料、排孔、锣铣、打磨、喷漆等精度高、污染大的环节，而服装企业顺发针织仅通过引入全自动电脑针织横机实现织片生产作业。目前，东莞产业发展正从投资驱动阶段向要素驱动阶段过渡，生产机械化运用主要在于基础性生产环节，主要集中在两类岗位：机器操作部分和技术维护部分。信易电热机械负责人认为："目前主要是购进先进设备，把传统的设备代换成比较先进的数位设备进行设备更新。"

（3）产业工人被替换加剧人口收缩。被机器替换下来的工人出路一般存在三个方向：一是通过转换工作岗位、转向从事服务业等方式再就业；二是随企业厂区搬迁、家庭迁移实现工作地点的转换；三是由于低技能、老龄化导致失业而回流。当产业结构需求变化与劳动力人口供给结构变化不匹配时，可能加剧东莞城镇的产业空心化与人口收缩现象，影响城镇化程度和城市吸引力。以胜美达机电为例，仅有约30%的工人通过企业自行培训调到其他操作岗位上，而近70%的工人处于自然流失状态；顺发针织已经将劳动密集的生产环节转移到江西的分厂，通过提高工资待遇，将原来生产线上近80%的工人调配到江西分公司上班，部分则跳槽到其他工厂。

通过对部分企业员工结构分析发现，"机器换人"后人口中龄化、家庭化和男性化的趋势明显：信易电热机械员工年龄结构集中在 28～42 岁，已婚工人和男性工人所占比例分别达 79% 和 74%。随着以"90 后"为主体的第二代劳动力成为主流，制造业中新生代劳动力参与度将影响东莞未来产业经济和城镇的可持续性发展。

（二）劳动力供给端影响分析

第一，刘易斯拐点，中国劳动力人才出现负增长。刘易斯的二元经济增长模型指出，经济发展到一定阶段，传统农业部门中剩余劳动力消失时，就会出现现代经济部门工资上升的情况，这一点即为"刘易斯转折点"。2004 年以后，我国沿海地区开始出现并逐步蔓延至全国的"民工荒"、农民工工资持续上涨等现象，表明我国刘易斯转折点到来。根据联合国对中国分年龄的人口预测，人口总规模预计在 2030 年达到峰值；在此之前，我国 15～64 岁劳动年龄人口于 2015 年达到峰值，总量为 9.98 亿。1970～2010 年，劳动年龄人口的增长率高于总人口的增长率，而此后则呈现相反的趋势（见图 4-21），这意味着人口年龄结构不再朝着具有生产性的方向变化。2011 年刘易斯拐点的出现，意味着中国劳动力人口出现负增长，人口年龄结构不再朝着具有生产性的方向变化（蔡昉，2010）。东莞同样面临劳动力年龄人口供给逆转的状况，供给端的劳动力人口总量逐年下降。

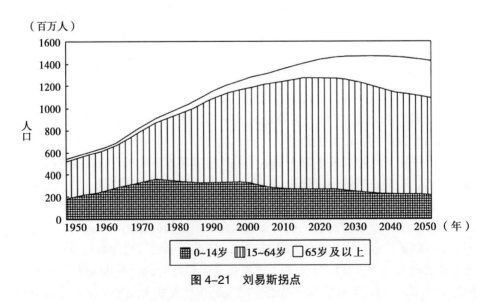

（百万人）

图 4-21　刘易斯拐点

第二，劳动力出现老龄化现象。随着年龄增长，老一代劳动力需要照顾家庭，落叶归根，返乡回流造成劳动力和熟练产业工人流失。新生代农民工逐渐成为劳动力人口的主要群体，他们在就业选择上"三高一低"（受教育程度高、职业期望值高、物质和精神享受要求高、工作耐受力低）的特征，加剧了传统制造业的"用工荒"。

新生代劳动力流动性更大。新生代劳动力不愿从事枯燥、环境差的工作，长安镇某模具公司 HR 负责人陈先生说"目前这个行业，年轻人越来越少，年轻人不愿从事模具行业，太辛苦，年纪大的人，其身体已经逐渐无法承担工作。年轻人不愿做主要是因为：其一，工作环境不太好，厂房有十几米高，装空调也吹不到；其二，做模具时，两手都是黑的，不一定洗得掉，味道也比较大"。新生代劳动力更加关注工作生活条件，长安镇某知名品牌手机制造 HR 负责人张先生非常了解劳动力需求的变化，他说"以前看工资待遇，工厂体系的工资待遇差别不大，主要是住宿环境、休息时间上的区别。制造工厂基本要加班，加班是常态。新生代劳动力家里条件都不错，在家里的地位也比较高，也不怎么缺钱，对于吃的住的要求更高，需要更多的休息时间和兴趣爱好"。虎门镇某制衣业老板朱先生表达了对新生代劳动力的职业素养和态度的不理解，"这些普通员工关心工薪、吃住，一二十岁可能是独生子女多，关注的不是钱多少，好像带有边做边参观的意味，好就留下来，不好就走"。同样表达该观点的还有厚街某电子企业负责人林先生，他说"对招进员工进行培训成本很高，包括素质培训和劳动技能培训，劳动技能培训是必须要做的，企业也花了很多精力做素质培训，但跟社会教育水平是脱节的，教育水平高但素质好像并没有提高，习惯、团队、纪律方面的素质不是不好。跟年代也有关系，早期劳动力都很本分、踏实，现在的劳动力很有个性，他们的套路不一样，对管理的挑战很大"。

年龄是影响流动性的重要因素。常平某制衣公司老板黄先生表示："从创业起留下的员工只有五六个，基本工人每年都在换。工人主要来自广西、江西和湖南。在针纺行业中，工人年龄普遍偏高，女性占70%，除了烫衣外都有女工，缝盘全是女工。全工厂130个人都结婚了，基本上有孩子。孩子大部分留在老家，赚点钱就回家了。"随着年龄的增加，员工回流的速度加快，"7年是一个关键节点。十七八岁出来打工，7年后就是二十四五岁，正是结婚年龄，他们会考虑是继续留在东莞还是回家的问题"。长安镇某商标织绣有限公司 HR 负责人冯女士谈道。

家庭因素是影响外来劳动力就业流动的重要原因。已婚外来劳动力要考虑子女教育、照顾老人、住房等因素，这在访谈中弥补了统计数据分析的不足。关于子女教育，厚街某鞋业设备的老板林先生说："企业是有积分入学的指标，由企业分给符合要求的员工。每年企业会有 10 多个有积分入学的需求，但仅有 1~2 个指标。现在员工中 30 多岁但小孩子要上学的，会有想回老家的欲望。"长安镇某商标织绣公司冯女士谈到员工流动尤其女工流动的主要原因在于需要照顾家庭，"根据公司统计，流失的员工多是 40 岁的样子，孩子大了上学需要带到身边教育，学龄前的时候可能老人照顾好就可以了，大了可能老人就管不住小孩了，他们需要回去。这些都是他们首要考虑的问题。其实不是公司待遇不好了，而是家庭不允许"。关于住房问题，虎门某制衣公司老板林先生说"回家后就不回来了，孩子大了需要照顾，老人老了需要照顾，内地就业机会也很多了；如果人已经在这边，还是两边倒的情况，现在的房价这么贵，一般的人很难买到房，没有相关的保障房和经济适用房等提供。内地在保障房和经济适用房做得好很多，对东莞这边打击很大"。长安某玩具制造企业负责人甘先生也谈到了住房问题对员工流动的影响，"主要是房子问题，太贵了，东莞和长安镇没有经济适用房等，买不起房子更别说有家的感觉了。所以，员工来来走走，流失率很高"。

（三）政府管治政策影响分析

外来人口流动受到国家户籍、土地、人口管治、劳动就业等城市政府管治政策的影响。政府的人才政策也是重要的影响因素。

第一，城市的竞争是人才的竞争，良好的人才政策环境对人才的吸引至关重要。厚街某鞋业设备企业负责人林先生表示"深圳、广州对人才吸引力度很大，东莞要在技能型人才的吸引上发力，加强人才培育的环境，引进人才。企业压力，税费的减免。进出口税在中国 10% 多，越南才 3%，在东莞还要管员工吃住。知识产权维护上没有做好，我们有自己的研发专利，也有与意大利的技术合作，但人才我们还是留不住"。

第二，加强对知识产权的保护，是对研发人才的保护和尊重，也是避免高层次人才流动的重要原因之一。东莞机器人技术协会秘书长蒋先生说"政府缺的是一种观念，知识产权能真正保护好研发人才，研发人才方向就不会朝山寨发展，而是自主研发；地方真正保护知识产权了，研发人员的利益得到保护，才能稳定地在一个企业长期干下去"。

第三，城市的外来人口政策和基本公共服务对就业起到稳定剂的作用。大量研究表明：东莞外来人口的城市归属感较低，主要原因是社会保障和基本公共服务（教育、医疗）供给不充分。子女教育问题是影响外来人口尤其是已婚员工就业流动的关键因素。在访谈中，大多数企业和员工都反映了这个问题，地方政府只能通过人才指标入学、积分入学或积分入户办法部分解决外来人口子女的入学问题，造成外来人口到了一定年龄回迁，这是影响就业稳定性的焦点因素。

厚街镇某家具企业 HR 负责人杜先生谈道，"夫妻都在东莞的以前很多，读书很麻烦，小的话还需要人来看，异地考试比较麻烦，因为读书的问题可能现在并没有那么多。企业以前还有些指标，现在没有了，只能自己想办法比如积分入学，高管积分都很费劲了，对于传统产业的一线生产员工更难"。长安镇某制衣企业负责人冯女士谈道，"留在企业 10 年以上的员工具有一定的稳定性，他对企业有归属感，真正需要留的是来公司一两年的员工，企业已经在他身上倾注很多精力，如培训员工，但有些人一旦学了点东西就跑掉了，所以在企业留了 10 年的员工是不需要政府留的，政府真正需要留的是那些对长安没有归属感的人。教育、住房、户口都是比较重要的需求，可能教育是第一位的"。大朗镇某智能制造业企业负责人杨先生说，"带小孩来的比例并不多，主要是这边入学比较难。现在共有员工 316 人，26～35 岁的 166 人，35～45 岁的 70 多人。这个年龄都有孩子，孩子只能留在老家上学。因为孩子上学而回家打工的有相当一定比例"。长安镇某模具企业负责人兰先生也有相同的感受，"企业有员工 400～500 人，其中干部 40～50 人，干部基本是稳定的；一线工人 20% 是稳定的，80% 左右是各个厂间来回找工作。由于考虑子女上学，有一部分迁回内地。因为职工的孩子大多数在老家读书，只有小部分收入高点的在东莞读私立"。

厚街镇某鞋业工厂负责人王先生也谈道，"子女入学往年都没有指标，今年评上倍增企业，有了 1 个指标，五年内有 2 个奖励名额。普通员工积分入学很难，很多员工的孩子都在老家，职能部门员工的孩子在这儿读书才能读得起私立小学，员工因为孩子上学，返乡的多。还有二十三四岁的女孩子回家相亲结婚，找工作的"。长安某服装配套企业负责人庄女士谈道，"外来务工人员子女对学位需求量很大，但指标严重不足，每年仅有 1 个入学指标，且需要与纳税等挂钩。指标越来越严，首选积分制入学，积分制入户最稳妥，社区部门只是协助。因为每年只有 1～2 个名额，能轮到自己享受这个指标很难，因此时间长了大多数人选择去读私立学校。每年有几十个人申请，只是抱着试一试的态度"。

第四，在执行新的《劳动法》后，对外来人口的就业稳定产生了一定的负面影响。一是政策的宣传力度不够，二是执行新的社保规定后企业经营成本增加，企业负担加重。

茶山镇两家企业谈的很实际，外来人口的务工人员认为买社保会降低眼前收入，如果企业强制买社保，会造成员工离职。某纸业公司负责人利先生谈道，"很多人不愿意买社保，去年开始强制购买，去年提出 75% 的五险，25% 的三险。购买了农保的就没办法买社保。普通员工觉得还不如直接发钱实际"。茶山镇的某食品加工企业负责人陈先生表达了同样的观点，"不是 100% 买的。东莞要求 75%，外地人不愿意买，甚至离职。国家社保全国内的统筹没有做到，跨区域统筹难，各个厂买买断断，大家对买社保的信心是不足的，退休年龄延迟，工人接受负面信息更多"。长安镇某玩具制造厂甘先生认为社保对就业流动的影响很大。同时存在社保政策有不完善的地方，全国没有统筹，职保和农保在全国范围内还没有衔接等原因。"员工不希望买保险，因为四五年前公司买保险，如果离开工厂的时候可以开个证明去社保局提取保险的现金，现在不可以拿钱，所以不愿意买。去年有 200 个在厂里比较久的员工买保险，后来全部都走了，员工不愿意买。社保这个影响很大的。因为可能旁边的小厂不用买，相对可以拿多点工资。以前是离职的时候可以取钱，现在不可以。政策说是社保可以跟着工人走，但事实上很多人反映不能跟着走。还有一个问题，保险需要买满 15 年才可以享受，如果 40 多岁才买的话不能买满 15 年就没法享受。农保和工厂的保险体系还没有衔接，职保和农保的差异大"。茶山镇某玩具厂负责人梁女士对新的政策增加企业负担和成本、造成企业不得不减员、造成员工流失表达了无奈。"现在传统产业基本都洗牌了，麦当劳供应商中，我都已经排第三位的。传统的制造业还是要想办法扶持下来，不能丢啊，国家层面要对企业减压。企业现在几乎可以说是没有利润，国家生活指数通胀太快了，这对于工业来说是很致命的。国家推出劳动法，加班不能超过 36 小时，1550 元，即使加满班才 2000 多元；如果把最低工资调到 2000 多元，工资可以达到三四千元，社保费用达到 800~900 元，但是企业没办法生存。能够维持所有的费用就很不错了，以前 10%~15% 的利润，最开始的时候 30%~40%，现在完全没有办法比。产值更高了，可能是以前的 2~3 倍，但利润空间越来越小。"

综上，在市场作用下，东莞的产业需求与劳动力供给正经历着巨大的矛盾。一方面，受制于生产成本大幅提高和外需市场的萎缩的双向挤压，原来处于价值链低端的传统制造业缺乏生存空间，产业转型升级使得大批劳动密集型企业向成本较低的地区转移，产业劳动力人口随之迁移和外流，进而影响到外来人口市民化的规模与进程；另一方面，供给端的劳动力老龄化、低学历与产业高端化进程存在矛盾，新生代劳动力的供给总量和就业行为与企业需求不适应，以及政策与制度保障对劳动力人口拉力作用不足。如图 4-22 所示。

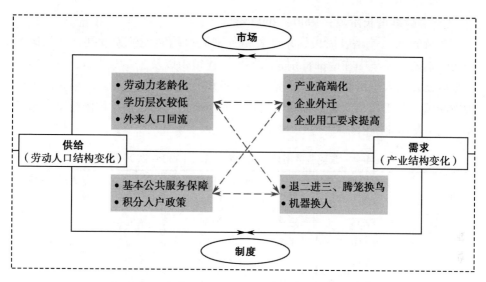

图 4-22 东莞产业经济结构与劳动力结构错位分析

第五节 东莞外来人口规模增长的
时空特征分析

一、东莞外来人口规模增长变化时间特征分析

1990～2017 年，东莞外来人口数据显示，数量随时间推移有明显的波动特征，年度外来人口增减变化明显。1990 年初到 2005 年，东莞外来人口数量保持高速增长，从 1990 年的 65.59 万人激增至 2005 年的 584.97 万人，年均外来人口增长率高达 15.73%，但受到 2008 年金融危机的影响，东莞外来人口呈现明显收缩，仅 2008～2009 年就减少 122.54 万人。随着宏观经济的复苏，东莞外来人口出现波动增长的态势，从 2010 年的 411.47 万人增加至 2017 年的 438.6 万人，年均增长率仅为 0.916%，远低于金融危机前的人口增速，外来人口规模进入新发展阶段。依据外来人口总量和外来人口增长率，可以划分为三个阶段：1990～2005 年为持续增长阶段；2006～2009 年为显著收缩阶段；2010～2017 年为波动发展阶段。本书依据这三个阶段对东莞外来人口变化的空间特征进行分析。

（一）持续增长阶段：1990～2005 年

在持续的高速增长阶段，东莞各镇外来人口均实现快速发展，增长速度较快的镇街主要集中在南部特别是与深圳相连镇街以及主要专业镇，可以判断东莞城镇外来人口增长主要与经济发展呈正相关关系。其中，增长最快的镇街为横沥镇、沙田镇、谢岗镇和清溪镇，这些镇街的外来人口年均增长率均超过20%。如表 4-4 所示。

表 4-4　东莞各镇街外来人口变化率（1990～2005 年）

镇街	外来人口变化率（%）	镇街	外来人口变化率（%）	镇街	外来人口变化率（%）
莞城	19.38	道滘	20.41	塘厦	18.89
石龙	19.66	洪梅	12.27	凤岗	20.23
虎门	19.11	沙田	24.49	谢岗	22.42
东城	13.56	厚街	11.97	常平	13.90
万江	14.22	长安	18.33	桥头	16.55
南城	8.64	寮步	15.64	横沥	28.73
中堂	9.29	大岭山	18.46	东坑	12.99
望牛墩	12.79	大朗	17.36	企石	13.84
麻涌	18.28	黄江	20.40	石排	14.96
石碣	20.06	樟木头	15.32	茶山	18.73
高埗	20.41	清溪	21.04		

资料来源：东莞市新莞人局。

（二）显著收缩阶段：2006～2009 年

在显著收缩阶段，受 2008 年金融危机影响，东莞各镇外来人口数量明显减少，在东莞 32 个镇街中，仅有高埗镇、南城街道和石排镇实现外来人口的增长，其余城镇均出现外来人口收缩，特别是常平镇、凤岗镇、清溪镇三个东南部山区城镇，2006～2009 年年均外来人口变化率超过 -20%，是该时期东莞外来人口流失最严重的城镇。如表 4-5 所示。

表 4-5　东莞各镇街外来人口变化率（2006～2009 年）

镇街	外来人口变化率（%）	镇街	外来人口变化率（%）	镇街	外来人口变化率（%）
莞城	-5.63	道滘	-4.64	塘厦	-16.70
石龙	-6.84	洪梅	-2.15	凤岗	-25.14
虎门	-6.44	沙田	-4.59	谢岗	-6.76

镇街	外来人口变化率（%）	镇街	外来人口变化率（%）	镇街	外来人口变化率（%）
东城	-1.90	厚街	-13.18	常平	-27.06
万江	-7.07	长安	-7.90	桥头	-16.76
南城	11.48	寮步	-0.10	横沥	-11.02
中堂	-5.86	大岭山	-13.92	东坑	-1.60
望牛墩	-0.04	大朗	-2.29	企石	-9.53
麻涌	-7.09	黄江	-7.68	石排	2.03
石碣	-14.67	樟木头	-11.47	茶山	-18.03
高埗	12.86	清溪	-21.73		

资料来源：东莞市新莞人局。

（三）波动发展阶段：2010～2017 年

在波动发展阶段，东莞各镇街的增长与收缩分异更为显著，有的城镇实现重新增长，而有的城镇则面临持续人口收缩。外来人口增长较快的城镇集中在中部的大岭山镇和大朗镇以及南部的凤岗镇，而人口收缩较多的城镇则较多分布在西北部水乡片区以及东北部埔田片区的城镇，以高埗镇和道滘镇的外来人口收缩最为明显。如表 4-6 所示。

表 4-6　东莞各镇街外来人口变化率（2010～2017 年）

镇街	外来人口变化率（%）	镇街	外来人口变化率（%）	镇街	外来人口变化率（%）
莞城	1.06	道滘	-9.16	塘厦	0.72
石龙	-1.04	洪梅	-1.31	凤岗	5.39
虎门	-0.41	沙田	2.19	谢岗	0.29
东城	-4.31	厚街	2.38	常平	-1.87
万江	1.99	长安	-0.24	桥头	1.98
南城	2.12	寮步	2.03	横沥	0.94
中堂	-1.06	大岭山	8.70	东坑	-3.58
望牛墩	-0.73	大朗	6.40	企石	2.99
麻涌	3.56	黄江	-1.14	石排	-0.67
石碣	-2.02	樟木头	-1.92	茶山	-1.86
高埗	-7.45	清溪	0.32		

资料来源：东莞市新莞人局。

二、东莞外来人口规模增长变化空间特征分析

（一）东莞外来人口增长空间分析

针对 2008 年金融危机以来东莞外来人口规模的剧烈变化，本书利用历年统计年鉴外来人口数据，通过对比不同时间点的数量变化和增长率变化情况对外来人口总量进行分析，以归纳总结不同特征的外来人口增长变化类型。这类变化不仅关注外来人口规模总量的变化，并将同时期各镇街的平均增长变化作参考，进行对比分析。

参考林初昇（2009）的研究方法，对城镇两个不同时间节点的人口规模变化进行比较，计算方法如下：

首先，分别将两个时间节点的全市平均外来人口规模作为参照标准，设定为标准值 100，即 $\bar{P}=100$；

其次，将各个镇街的外来人口规模与当年的外来人口规模进行比较，考察各个城镇与全市平均值的变化状况；

最后，对比两个时间点的 Pn 与 $\bar{P}$ 值的收敛或离散程度，以及各个样本城镇外来人口规模向上或向下的变化趋势，得出四种不同类型的增长关系：向上离散（Upward Diverging）、向下离散（Downward Diverging）、向下收敛（Downward Converging）和向上收敛（Upward Converging），如表 4-7 所示。

表 4-7　城镇类型及特征

城镇类型	变化趋势	主要特征
持续增长	向上离散（Upward Diverging）	外来人口规模较大（高于平均值）的城镇其外来人口规模持续增加，呈现越来越强的趋势
转型增长	向上收敛（Upward Converging）	外来人口规模较小（低于平均值）的城镇有不同程度的人口增加，变化趋势向上接近全市平均水平
轻度减少	向下收敛（Downward Converging）	外来人口规模较大（高于平均值）的城镇有不同程度的人口减少，变化趋势向下接近全市平均水平
持续减少	向下离散（Downward Diverging）	外来人口规模较小（低于平均值）的城镇其人口规模持续减少，呈现越来越弱的趋势

其中，向上收敛表示该类城镇原来的外来人口规模相对较小（低于平均值），其外来人口有一定程度的增加，变化趋势向上接近全市的平均值，代表该类城镇属于外来人口转型增长的城镇类型。向下收敛表示城镇原来外来人口

规模相对较大，外来人口有不同程度的减少，人口变化趋势向下接近全市的平均值，代表该类城镇属于外来人口规模轻度减少的城镇类型。向上离散表示该类城镇的外来人口规模相对较大（高于平均值），其外来人口规模也持续增加，逐渐向上离散于全市平均水平，其城镇外来人口规模呈现持续增长的趋势，代表该类城镇属于外来人口持续增长的城镇类型。而向下离散表示原来城镇的外来人口规模相对较小，其人口规模持续减少，城镇外来人口规模呈现持续减少的趋势，代表该类城镇属于外来人口持续减少的城镇类型。

　　根据上述计算方法，运用东莞统计局 2008 年和 2017 年分镇、街外来人口数据，计算得出东莞外来人口增长类型四象限图，如图 4-23 所示。

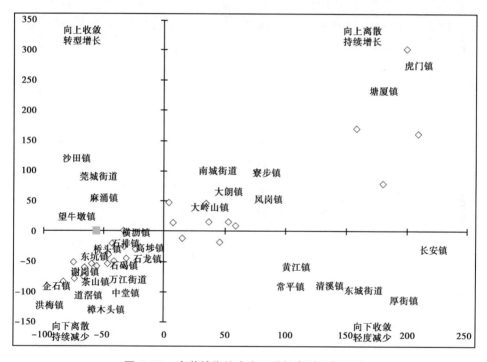

图 4-23　东莞镇街外来人口增长类型四象限图

　　可以看出，虎门镇、南城街道、寮步镇、大岭山镇、大朗镇、塘厦镇、凤岗镇等镇街外来人口增长呈向上离散趋势，外来人口规模较大（高于平均值），外来人口规模持续增加，呈现越来越强的趋势，属于持续增长类型；从表 4-8 中可以看出，以虎门镇为例，尽管虎门镇外来人口总量有所减少，但将 2008 年和 2017 年的镇街外来人口与同时期的平均人口规模进行对比（2008 年，虎门镇标准化值为 262.16，2017 年，虎门镇标准化值为 308.60），无论当年横向同比，还是两个时间纵向对比，虎门镇都属于持续增长型。

表 4-8 东莞镇街外来人口增长类型

城镇	外来人口数量		标准化（全市平均值 =100）		变化趋势	所属类型
	2008 年	2017 年	2008 年	2017 年		
莞城街道	75571	58181	43.99	44.19	+	转型增长
石龙镇	78436	52331	45.66	39.74	−	持续减少
虎门镇	450333	406347	262.16	308.60	+	持续增长
东城街道	378923	154233	220.59	117.13	−	轻度减少
万江街道	104806	71065	61.01	53.97	−	持续减少
南城街道	152836	151560	88.97	115.10	+	持续增长
中堂镇	55645	44780	32.39	34.01	+	持续减少
望牛墩镇	38452	33416	22.38	25.38	+	转型增长
麻涌镇	42877	44440	24.96	33.75	+	转型增长
石碣镇	172095	87331	100.19	66.32	−	持续减少
高埗镇	136572	75160	79.51	57.08	−	持续减少
道滘镇	85365	33603	49.70	25.52	−	持续减少
洪梅镇	28935	21930	16.84	16.65	−	持续减少
沙田镇	85278	76681	49.64	58.24	+	转型增长
厚街镇	463685	340687	269.94	258.74	−	轻度减少
长安镇	690106	394483	401.75	299.59	−	轻度减少
寮步镇	188391	208315	109.67	158.21	+	持续增长
大岭山镇	199893	180137	116.37	136.81	+	持续增长
大朗镇	200347	200679	116.63	152.41	+	持续增长
黄江镇	196923	141164	114.64	107.21	−	轻度减少
樟木头镇	129540	88124	75.41	66.93	−	持续减少
清溪镇	253800	136981	147.75	104.03	−	轻度减少
塘厦镇	308458	368983	179.57	280.23	+	持续增长
凤岗镇	142116	191482	82.73	145.42	+	持续增长
谢岗镇	70051	44931	40.78	34.12	−	持续减少
常平镇	252377	176990	146.92	134.42	−	轻度减少
桥头镇	78904	69980	45.93	53.15	+	轻度增长

续表

城镇	外来人口数量		标准化（全市平均值=100）		变化趋势	所属类型
	2008年	2017年	2008年	2017年		
横沥镇	123141	100443	71.69	76.28	+	轻度增长
东坑镇	59104	55988	34.41	42.52	+	轻度增长
企石镇	59152	45133	34.44	34.28	−	持续减少
石排镇	96458	90123	56.15	68.44	+	轻度增长
茶山镇	98289	67870	57.22	51.54	−	持续减少
全市平均	171776	131673	100	100	—	—

资料来源：东莞统计局。

沙田镇、莞城街道、望牛墩镇、麻涌镇等镇街外来人口增长呈向上收敛趋势，外来人口规模相对较小（低于平均值），但该类城镇外来人口有不同程度增加，其外来人口的变化趋势呈现向上接近平均水平，属于转型增长类型。

中堂镇、道滘镇、洪梅镇、石龙镇、万江街道、石碣镇、高埗镇、樟木头镇、谢岗镇、企石镇、茶山镇等镇街外来人口增长呈向下离散趋势，外来人口规模相对较小（低于平均值），且该类城镇的外来人口规模持续减少，呈现越来越弱趋势，属于持续减少类型。

东城街道、厚街镇、长安镇、黄江镇、清溪镇、常平镇等镇街外来人口增长呈向下收敛趋势，外来人口规模相对较大（高于平均值），外来人口有不同程度的减少，其外来人口增长变化趋势向下，属于轻度减少类型。

（二）东莞外来人口增长空间变化特征

本书通过对2008年和2017年东莞各镇街外来人口规模的对比，研究发现：

东莞市域外来人口分布变化总体上呈现"北减少—南增长"的空间格局。从空间格局来看，东莞北部区域的城镇则出现不同程度的人口减少，东城街道、厚街镇、长安镇、黄江镇、清溪镇、常平镇等镇街在金融危机后有不同程度的人口负增长（轻度减少，向下收敛）。外来人口持续负增长（持续减少，向下离散）的城镇主要在东莞西北部的水乡组团，以邻近广州为主的石碣镇、中堂镇、高埗镇等组成的水乡片区，外来人口呈现持续减少的特点。外来人口转型增长的城镇多分布于东莞中部区域，尽管受到金融危机影响，但随着时间推移，沙田镇、莞城街道、望牛墩镇、麻涌镇等地区外来人口规模和增长得到恢复（转型增长，向上收敛）。外来人口持续增长（持续增长，向上离散）的城镇分布于东莞中南部组团，特别是围绕松山湖的大岭山镇、大朗镇和寮步镇以及邻近深圳的虎门镇、塘厦镇、凤岗镇等地区，外来人口增长的空间格局体现了区域产业带动和深圳的辐射带动。

东莞市域外来人口的空间格局变化受经济社会发展变化影响，与镇域"板块经济"密切相关。改革开放以来，东莞市政府主要采取分权放权的办法，鼓励各镇街自主发展，东莞镇街所拥有的土地批租收益权导致镇域经济迅速崛起，产业聚集产生的规模效应和经济效益日益凸显，从物业经营到产业经营再到品牌经营，逐渐形成镇域"板块经济"模式，涌现了一批以镇街为中心的"一镇一品"的特色产业群。由于前期重速度和规模发展，东莞在发展中暴露出了一系列问题，如过分依赖外源经济、镇街同质化竞争、企业规模小抗风险能力差、创新能力不足、缺少技能型人才、劳动密集型制造业问题影响了产业的转型升级，在面临金融危机的冲击、产业周期性变化时，对整个镇街的产业经济发展影响极大，因此，经济转型变化和人口变化结合起来，形成了人口的空间变化格局。

从空间分布变化来讲，东莞市域外来人口变化与东莞的经济社会发展变化相结合，形成了"北减少—南增长"的空间格局。外来人口空间分布具有以下特点：

第一，邻近深圳周边的镇街外来人口分布较多，这种格局是由区域内产业在空间上分布造成的劳动力空间分工。

第二，制造业发达的镇街外来人口分布较多。东莞由于在20世纪八九十年代承接的港澳台加工企业多为劳动密集型企业，劳动力需求大，因此，制造业发达的镇街外来人口较多。

外来人口空间变化将会对公共服务及设施布局产生一定影响，尤其在邻深周边镇街和制造业发达镇街，随着人口的增长变化，公共服务的供给需求会受到相应影响。

本章小结

城市外来人口时空变化对公共服务需求与供给产生重要影响。通过分析外来人口的规模、结构与分布的特征变化，发现居留时间、人口结构、人口规模和空间分布的变化将影响外来人口对城市公共服务的需求，本章得出以下研究结论：

首先，从增长与规模变化看，东莞外来人口增速总体趋缓，外来人口变化波动性较强，呈现"负增长—低速增长"的波动变化轨迹，而本地人口和外来人口严重倒挂状况趋于缓解，城市政府公共服务供给压力有所减缓。

其次，从人口结构看，外来人口呈现男性比例增加、学历层次不断提高、在工业中就业比重降低、普工占比逐年下降等特征，新生代农民工比例加大，抚养比上升，携眷比例增加，家庭迁移成为趋势，这些变化对外来人口市民化起到积极作用，有助于外来人口市民化。

再次，通过东莞外来人口在莞居留时间分析，总结随在莞居留时间变化的人口结构特征和行为特征变化。研究发现，随着外来人口在东莞工作生活居留时间的增加，外来人口的结构特征和行为特征有明显差异：居住时间越长的外来人口，其大龄化、已婚化、高学历化的特征越明显，同时在行为上呈现出带眷比例高、夫妻同在莞比例高、收入高、工作稳定等特点。

最后，通过外来人口分布时空变化分析，将外来人口增长变化空间划分为四种类型，塘厦镇、凤岗镇、虎门镇、南城街道、寮步镇、大岭山镇、大朗镇等地区属于持续增长类型（向上离散），沙田镇、望牛墩镇、莞城街道和麻涌镇等地区属于转型增长类型（向上收敛），东城街道、厚街镇、长安镇、黄江镇、清溪镇、常平镇等地区属于轻度减少类型（向下收敛），而中堂镇、道滘镇、洪梅镇、石龙镇、万江街道、石碣镇、高埗镇、樟木头镇、谢岗镇、企石镇、茶山镇等地区属于以持续减少（向下离散）为特征的镇街类型；外来人口分布变化出现了"北减少—南增长"的空间格局并存的现象，人口空间分布的显著改变将影响公共服务设施的配置和公共服务供给，在空间上对东莞外来人口市民化产生新的影响。

第五章

基于公共服务的东莞外来人口市民化途径分析

在外来人口市民化的过程中，积分入户和积分入学是外来人口为获取城市公共服务并实现市民化的重要行为与途径，公共服务供需匹配是外来人口市民化的关键，影响城市政府推进市民化的重要因素是市民化成本。因此，本章从外来人口市民化的积分入户与积分入学行为、公共服务的供需匹配及市民化的成本三个方面对东莞外来人口市民化进行研究。

第一节　东莞外来人口积分入户与积分入学时空特征

外来人口市民化实质上是在城市中获取并享有户籍市民均等的公共服务、社会保障和福利，享受与城市户籍居民的同等待遇，并融入城市文化与城市生活方式的过程（王桂新、沈建法和刘建波，2008）。在推进外来人口市民化过程中，地方政府通过积分入户和积分入学的方式，为外来人口提供相应的公共服务供给（于海燕，2016），而外来人口通过积分制实现并获得城市公共服务的需求，本节主要对积分入户和积分入学两种市民化途径的特征进行分析。

一、外来人口积分入户特征分析

作为国家新型城镇化综合试点城市，东莞在推动人口市民化工作方面进行了诸多探索，在 2010 年出台了《东莞市积分入户暂行办法》和《东莞市积分制入户管理实施细则》，吸引了大量外来人口参与积分入户。

从时间特征看，东莞外来人口积分入户数量先减少后增加，积分入户数量与外来人口数量增长不具有一致性。如图 5-1 所示，东莞的积分入户人口数量变化从时间维度有两个明显时段，2010年"积分入户"政策推出以后，2010～2013年持续下降，东莞参与积分入户人数先从2010年的5452人持续下降至2013年的1829人；2013年为转折点，2014年开始参与积分入户的外来人口数持续增加，2015年达到4615人，与2010～2013年呈现截然相反的变化趋势。值得关注的是，研究时间段内的数据分析显示，东莞外来人口数量与参与积分入户人数呈现显著的负相关，相关系数高达–0.806，东莞外来人口总量在2013年达到峰值开始出现负增长，而与其同时期的积分入户人数却由减少变为增加。

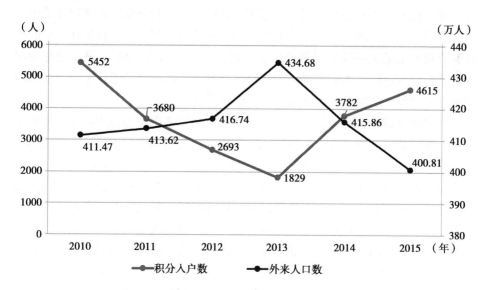

图 5-1　东莞积分入户和外来人口的数量变化曲线

资料来源：东莞市人力资源局新莞人局积分入户样本。

通过对比同时期东莞外来人口数量变化发现，外来人口的规模和流动性加大。外来人口数量变化说明外来人口的流动性强。以农民工为主体的外来人口规模越大，表明实现职业非农化但未实现身份市民化的外来人口的规模越大，也说明农民工的城市化进程日益割裂为身份市民化与职业非农化两个相互脱节的过程（李丁，2014）。从积分入户人口数量看，每年几千人的积分入户数量与庞大的外来人口规模相比，通过积分入户实现户籍身份市民化的人口少得可怜。部分学者称积分入户政策为"有限机会的公平分配"，意味着城市政府通过政策来控制外来人口市民化的进程；对数量庞大的外来人口而言，积分入户是一个市民化的通道、政府打开户籍政策的口子，让有限的外来人口实现身份市民化的转化。

从总体的情况看，政府通过积分入户来推动外来人口市民化的效果并不明显。部分学者提出了"被动城镇化"以解释农民并不主动要求城市化，甚至抵触城市化，但又无法抵挡城市化的强大力量，只好被动地进行生产、生活方式等方面的巨大转变和艰难适应。宋彦成（2019）为市民化研究提供了一种选择权利的视角来说明外来人口不愿主动市民化的原因，外来人口尤其是外来农业转移人口有选择市民化的权利，他认为"土地是农民的根，土地是农民的宝"，外来农业转移人口无法放弃的是"土地以及基于土地之上的利益"，造成了"出于自利和不愿让渡权益的种种原因导致部分非城镇户籍人口选择守土一方"而不愿积分入户进行市民化。李郇（2012）从福利分配的角度解释了土地对农民的重要性，他认为"农民的生产与福利都直接依赖于农村集体土地的产出，户籍政策的放松实质是放开了农村到城市的劳动力市场"，其实质是为城市发展获得大量低成本的劳动力而放松户籍制度，仍然维持了原来计划经济时期的福利制度，城市化依然在城乡二元结构下进行。

在空间分布特征方面，积分入户年均人数主要集中分布在中心片区的南城街道、东城街道、寮步镇，而外来人口规模较大的城镇则主要分布在东南部厚街镇、虎门镇和长安镇等全国有影响力的制造业重镇。位于西北部的麻涌镇、洪梅镇、道滘镇、中堂镇、望牛墩镇与位于东北部的桥头镇、企石镇、谢岗镇是外来人口和积分入户人数较少的城镇，这些城镇空间的经济水平与人口规模相对较低和较小。由此可见，外来人口积分入户规模数量与迁入地的经济水平具有正相关性，城市中心和制造业重镇这些经济水平较好的城镇对外来人口积分入户具有强大的吸引力，人口集聚能力正在不断增强。

值得关注的是，外来人口较多的厚街镇、虎门镇、长安镇和东城街道，其积分入户人数却并非位居全市前列，外来人口分布空间与积分入户分布空间的不完全重叠，说明存在其他要素造成这种空间上的差异，可能与基本公共服务设施的空间容量相关。

二、外来人口积分入学特征分析

2012 年，东莞市政府出台了《东莞市义务教育阶段新莞人子女积分制入学积分方案》，截至 2015 年底，参与东莞"积分入学"的外来人口数量累计达到 12805 人。通过比较东莞外来人口积分入户和积分入学的时空变化，本书发现，两者无论在时间上还是在空间上均具有明显的差异。

与积分入户人数和外来人口数量的变化相比较，东莞参与积分入学人数变化与参与积分入户人数变化及外来人口变化不具有一致性，积分入学人数 持续增长，积分入户人数先降后增（见图 5-2）。东莞自 2012 年推出积分入学政策以来，积分入学的人数持续增长，从 2012 年的 9540 人增加至 2015 年的 16364 人；尤其是 2013 年参与积分入户人口达到最低点，而积分入学人数依然保持较快增长。由此反映出，外来人口在积分入户与其子女入学就读这两种行为上存在明显差异，对外来人口而言，积分入学的受关注度和参与度远高于积分入户，同积分入户相似，东莞外来人口的数量减少对申请积分入学并没有产生影响。

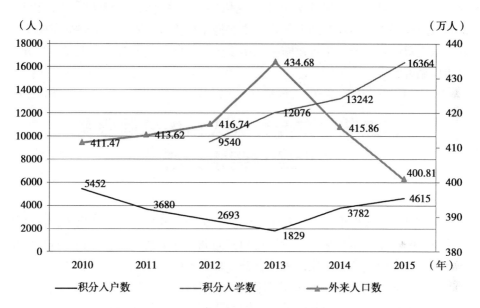

图 5-2　东莞积分入户、积分入学和外来人口的数量变化（2010～2015 年）
资料来源：东莞市人力资源局新莞人局积分入户样本。

从空间特征的对比来看，两者的空间相关程度不高，外来人口年均积分入户较多集中在东南片区和中心片区，特别是以南城街道、东城街道、寮步镇以及莞城街道和万江街道组成的城市中心组团区域，年均入户人数位居前列的城镇为南城街道（353 人）、东城街道（284 人）、寮步镇（269 人）和长安镇（251 人）。相比较而言，外来人口年均积分入学主要分布在东南片区，其中虎门镇（1526 人）为积分入学年均人数最多的城镇，其次是大朗镇（642 人）、石龙镇（627 人）和清溪镇（623 人）。从总体空间分布看，经济水平较好的东南片区和中心片区是外来人口积分入户和积分入学较多的区域，初步推断东莞外来人口迁移与迁入地的经济水平具有相关性，中心城区的人口入户迁移较多反映其人口集聚能力正在不断增强，呈现一定的人口中心化趋势。

通过分别对积分入户和积分入学两种不同市民化途径的对比分析发现，在东莞，外来人口可以通过积分入户的方式获得流入城市的户籍，获取和户籍居民同样的权益、基本福利和社会保障，从而逐渐融入城市，逐渐完成市民化，积分入户是基于城乡二元户籍制度下外来人口实现市民化的标志。积分入学能够实现外来人口随迁子女获得政府提供的公立学校学位，实现随迁子女在东莞接受公共义务教育；积分入学也是解决外来人口的子女和父母在一起的途径，实现以家庭方式迁移到城市，对外来人口的家庭迁移有着重要意义。因此，积分入学是当前外来人口基于公共服务视角进行市民化的一种重要特征。而且，积分入户和积分入学在空间上的差异主要源于城市公共服务在空间分布的不均衡，东莞镇街之间公共服务设施特别是学校公共服务设施对外来人口的积分入学造成显著影响。

第二节　东莞外来人口的公共服务供给与需求分析

在推进外来人口市民化过程中，住房、医疗、教育设施、文化体育设施等公共服务配套设施是外来人口市民化的空间载体，不断完善公共服务有利于推进外来人口本地化和市民化进程，有益于外来人口共享城市发展成果，有利于推进以人为本的高质量的新型城镇化进程。本节在对东莞教育、住房、医疗、文化体育设施四个方面公共服务设施调查基础上，对公共服务设施及服务的供需情况进行分析。

一、教育公共服务供给与需求分析

2012～2016年，东莞提供给随迁子女积分入学的学位数由20221个增加至35078个，年均增长11.9%。但东莞外来人口随迁子女义务教育需求激增，从2010年的52.86万人增加至2016年的86.49万人，政府提供的公立学校的学位远远满足不了外来人口随迁子女庞大的教育需求，积分入学录取率逐年降低，大多数外来人口随迁子女在私立学校就学，比例高达78%。

（一）教育公共服务供给分析

从学校数量看，根据东莞市教育局统计数据（见图5-3），2010年东莞市小学学校数量455所，其中私立学校231所，占比50.7%；初中学校数量共有150所，其中私立初中113所，占比75.3%。2017年，东莞小学学校数量483所，其中私立小学学校274所，占比56.7%；初中学校数量共有193所，其中私立初中 163 所，占比 84.5%。

东莞义务教育阶段，中小学学校数量增长缓慢，公立学校比重较小。在民办小学数量逐渐增长时，公办小学数量却缓慢下降，从 224 所减少到 209 所；民办初中数量稳步上涨，从 123 所增加到 159 所，公办初中数量基本维持在 40 所左右。

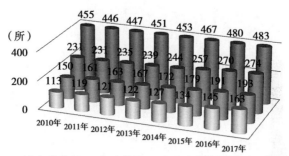

图 5-3　2010 ~ 2017 年东莞市义务教育阶段学校数量变化

资料来源：东莞市教育局 2010 ~ 2017 年教育数据。

从学校空间分布看，义务教育学校资源多集中分布在东莞中南部地区，欠发达街镇教育资源匮乏。2017 年，东莞 33 个镇街共有义务教育学校 695 所，主要集中分布在东莞中南部的虎门、厚街、东城等经济发达的镇街，而谢岗镇、茶山镇、洪梅镇等经济较不发达的镇街教育资源相对较少。

从义务教育学校公办和民办的空间分布看，民办学校已经成为东莞义务教育的中流砥柱，且更倾向于在经济发达镇街集聚。2017 年，东莞民办中小学数量已经占全市中小学数量的 62.45%，民办学校已经成为东莞义务教育的中流砥柱。不同镇街的公办学校和民办学校的比例不相同，民办学校更倾向于在经济发达的镇街集聚。东莞 33 个镇街中共有 27 个镇街的民办学校多于公办学校，民办学校占比最高的是横沥镇，比例高达 81.25%；6 个镇街的民办学校少于公办学校，其中洪梅镇是唯一一个没有民办学校的镇街。在学校数量相对丰富的中南部镇街，民办学校占比普遍高于公办学校，东部和北部镇街虽然学校的数量相对较少，但民办学校仍然是义务教育的主流，西部少数镇街的公办学校比例更高。

从教育供给质量看，民办学校教学质量良莠不齐，与公办学校相比有一定差距。从学校的教学质量看，东莞民办学校教学质量良莠不齐，普遍差于公办学校。师生比是惯用的反映教学质量的重要指标。根据《国务院办公厅转发中央编办、教育部、财务部关于制定中小学教职工编制标准意见》中关于各类学校师生比的规定，县城初中的师生比应大于 6.25%（1∶16），县城小学的师生比应大于 4.76%（1∶19）。2017 年，东莞的公办中小学的平均师生比为 6.44%（1∶15.5），普遍高于民办中小学平均水平 4.16%（1∶24.04），整体上看，公办中小学的教学质量普遍高于民办中小学，说明民办学校教学质量普遍低于公办学校。如图 5-4、图 5-5 所示。

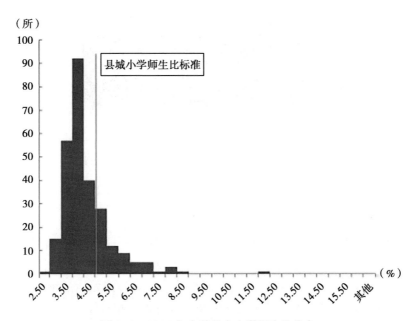

图 5-4 2017 年东莞公办小学师生比分布

东莞 275 所民办小学中，仅有 18.8% 的学校师生比能达到县城小学的标准，159 所民办初中有 25.8% 的学校师生比能达到县城中学的标准，说明大多数的民办中小学的教学质量难以保证，民办中小学内部存在显著分化，办学质量良莠不齐。

东莞民办学校管理乏力，教学质量良莠不齐。为了满足大量外来人口子女教育问题，东莞兴起了大量民办学校，并逐渐成为东莞教育设施的主要组成部分，数量上已经超过学校数量的一半。目前，东莞缺乏对民办学校相关管理规定和标准要求，导致东莞民办学校存在收费项目多、收费过高、教学质量良莠不齐等问题，直接影响了东莞入读民办学校的外来人口子女接受教育的质量。

（二）外来人口随迁子女教育需求

随迁子女教育是目前东莞外来人口最关心和亟待解决的公共服务需求之一。近年来，东莞外来人口随迁子女入学规模不断扩大，现有教育资源不能满

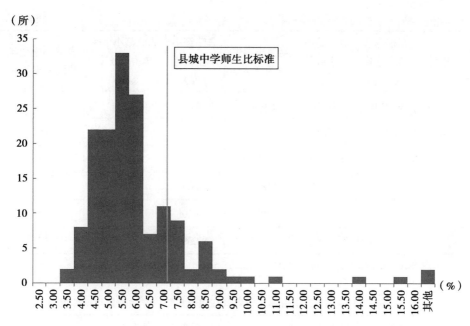

图 5-5　2017 年东莞民办中学师生比分布

足日益增长的需求。

　　从义务阶段在校学生数量看，非莞籍学生总量多，占比大，增速快。2010 年，东莞义务教育阶段在校学生总人数 740255 人，其中，在校非莞籍学生 528631 人，占比 71.41%，在校莞籍学生 211624 人，占比 28.59%。2017 年，东莞义务教育阶段在校学生总人数 994237 人，其中，在校非莞籍学生 864901 人，占比 86.99%，在校莞籍学生 193074 人，占比 13.01%。由数据看出（见表 5-1、表 5-2），非莞籍学生总量多，所占比重大。学生数量的变化反映了东莞义务教育阶段教育资源的需求变化。从教育资源供给看，小学阶段的学位占较大比重，并以非莞籍的外来人口随迁子女为主；初中阶段，非莞籍学生学位需求增速快。

表 5-1　2010～2017 年东莞义务教育在校分户籍小学生数量与增长情况

年份	在校小学学生总量（人）	非莞籍小学生数量（人）	莞籍小学生数量（人）	非莞籍小学生占比（%）	非莞籍小学生年均增长率（%）	莞籍小学生年均增长率（%）
2010	552377	432597	119780	78.32	—	—
2011	578279	465280	112999	80.46	7.56	−5.66
2012	608118	495765	112353	81.52	6.55	−0.57

续表

年份	在校小学学生总量（人）	非莞籍小学生数量（人）	莞籍小学生数量（人）	非莞籍小学生占比（%）	非莞籍小学生年均增长率（%）	莞籍小学生年均增长率（%）
2013	659138	549469	109669	83.36	10.83	-2.39
2014	687269	576641	110628	83.90	4.95	0.87
2015	719263	606984	112279	84.39	5.26	1.49
2016	738686	620647	118039	84.02	2.25	5.13
2017	765120	635784	129336	83.10	2.44	9.57
小计（平均）				82.38	5.96	1.21

资料来源：东莞市教育局 2010～2017 年教育数据。

表 5-2　2010～2017 年东莞义务教育在校分户籍中学生数量与增长情况

年份	在校初中学生总量（人）	非莞籍中学生数量（人）	莞籍中学生数量（人）	非莞籍中学生占比（%）	非莞籍中学生年均增长率（%）	莞籍中学生年均增长率（%）
2010	187878	96034	91844	51.12	—	—
2011	189432	103407	86025	54.59	7.68	-6.34
2012	192067	113350	78717	59.02	9.62	-8.50
2013	201244	130864	70380	65.03	15.45	-10.59
2014	206595	141058	65537	68.28	7.79	-6.88
2015	208677	149500	59177	71.64	5.98	-9.70
2016	215902	155447	60455	72.00	3.98	2.16
2017	229117	165379	63738	72.18	6.39	5.43
小计（平均）				64.23	8.13	-4.92

资料来源：东莞市教育局 2010～2017 年教育数据。

　　对比空间分布特征发现，外来人口和民办学校分布具有一致性，主要在经济发达镇街集聚。从民办学校的空间分布看，民办学校更倾向于在经济发达镇街集聚。从学生的空间分布看，义务教育阶段非莞籍学生主要分布在中南部的镇街，且主要就读在民办学校。非莞籍学生的空间分布存在较大的差异，其中，莞城街道和洪梅镇的非莞籍学生数量最少，都在 5000 人以下；厚街镇、虎门镇、长安镇、东城镇、大朗镇、常平镇、塘厦镇和凤岗镇等地区的非莞籍学生数量较多，均在 25000 人以上。可见，非莞籍学生主要集中在经济较发达的镇街，且主要就读于民办学校。

通过观察外来人口子女积分入学录取情况（见表 5-3），有以下两个主要特征：一是积分入学录取率低。东莞全市范围内外来人口随迁子女积分入学录取率平均为 68.26%，申请积分入学的目的在于申请公办学校学位，录取率相对较低，无法满足外来人口随迁子女到教学质量较好的公立学校读书的需求。二是外来人口私立学校就读比重大。义务教育阶段，从 2010～2016 年东莞在公立学校就读的外来人口子女学生（非莞籍学生）占在公私立就读的外来人口子女学生（非莞籍学生）的比重看，基本维持在 22% 左右，即有接近 78% 的学生在私立学校就读，公立学校远远不能满足外来子女就学的需求。

表 5-3 2012～2016 年东莞非莞籍在校数、积分入学和积分入学录取情况

	在校非莞籍学生数量（人）	外来人口积分入学申请数（人）	积分入学录取人数（人）	积分入学申请录取率（%）
2012	609115	10084	9540	94.61
2013	680333	18548	12076	65.11
2014	717699	19220	13242	68.90
2015	756484	32041	16364	51.07
2016	776094	33654	20732	61.60

资料来源：东莞市教育局 2010～2017 年教育数据。

随着新生代农民工成为劳动力市场的主体，以携带子女或老人为特征的家庭市民化逐渐取代了个人市民化过程。本书的问卷数据显示，已婚外来人口中夫妻同在莞比例为 18.48%，已婚在莞外来人口中携带小孩的比例约为 32.85%，已婚在莞外来人口携带老人比例为 1.80%，合计已婚在莞外来人口带眷比例为 34.65%。而且，随着留守儿童问题逐渐被社会所关注，外来人口越来越意识到自己外出工作将子女留在老家接受教育的种种不利后果。加之城乡教育水平与区域教育水平的差异，为了让子女接受更好的教育和更多地参与子女的成长过程，越来越多的外来人口考虑将子女接到工作地一起生活。

城市政府人口调控政策的放宽影响了需求的增加，教育资源总量不足加剧了教育服务的供需矛盾。公办学校的数量和学位的配置初期都是以户籍人口为标准进行配置的，但随着近年来东莞积分入户等政策的实施，且入户门槛不断

降低，导致机械增长的户籍人口数量激增。同时，伴随着东莞积分入学政策的实施和政策门槛的降低，更多外来人口可以通过积分入户或积分入学申请公办学位学习，导致积分入户的数量出现井喷式增长，且绝大多数外来人口表示入户是为了解决子女的教育问题。积分入户数量的激增，直接导致外来人口对公办学位的需求增加。

二、住房公共服务供给与需求分析

当前，我国已经进入城市化发展的关键时期，伴随着城镇化发展，越来越多的外来人口涌入城市。在城乡二元结构下，城市外来人口的务工群体生活状况有所改善，但依然不容乐观，住房状况已经成为影响他们长期居留在城市的重要因素。随着我国新型城镇化的不断推进，外来人口如何融入城市实现市民化，是新型城镇化发展的核心问题。目前，我国城市外来人口尤其是农业转移外来人口的住房保障制度还不完善，城市政府没有将外来农业转移的务工人口纳入城镇住房保障制度。东莞是外来人口流入城市比重最大的城市之一，研究东莞外来人口住房需求，对我国其他地区外来人口住房保障问题研究具有一定的参考意义。

（一）住房公共服务供给分析

住房是外来人口在莞工作的基本保障，房源是否充足、居住环境是否宜居影响了外来人口的流动和稳定。住房性质从所有角度分为自有房屋与非自有房屋两大类，非自有房屋包括出租屋、廉租房、宿舍等。东莞以制造业为特征的产业结构造就了大量职住一体的工业园区，外来人口主要居住在企业宿舍，拥有自有房屋的比例极少。

从住房总体供给看，当前东莞出租屋呈现数量巨大，且主要分布在经济发达镇街的特性。改革开放以来，东莞随着大量"三来一补"企业的涌入和外来人口的流入，形成了典型的物业租赁经济模式（马广学和王爱民，2011）。改革开放以来，东莞通过利用毗邻港澳的独特地缘优势和与港澳特殊的乡缘关系，积极发展乡村企业，走出了"村村点火，户户冒烟"的"自下而上"的城市化发展路径，形成了有中国特色的 DESAKOTA 区域（许学强，2012）；加之珠三角快速城镇化过程与财政分权和分散的土地集体产权单位密切相关，形成了"碎化"（Fragment）的城镇空间现象，镇街和村利用集体土地建设工业园区，村民自发在园区周围建设民房用来出租，东莞出现大量用来出租给外来人口的出租屋。东莞市新莞人局统计数据显示（见表5-4），2008 年全市有登记备案的出租屋 310423 栋，2016 年全市有登记备案的出租屋 274617 栋，可以看出东莞出租屋数量庞大。

表 5-4　2008～2016 年东莞出租屋登记备案情况统计

年份	登记备案总数（截至 12 月 31 日）	全年新增总数（栋）	全年注销总数（栋）
2008	310423	17818	12484
2009	300897	8933	18583
2010	297215	8733	12583
2011	294383	7146	10042
2012	289480	7171	12126
2013	282186	6464	13799
2014	273960	5365	13624
2015	272504	—	—
2016	274617	—	—

注：数据由东莞市新莞人局提供。

东莞市新莞人局一位负责同志林先生介绍说：

2015 年 5 月我们进行了一次企业员工宿舍和出租屋调查，经统计，东莞企业员工宿舍和居民出租屋共有 250 多万间，面积超过 1 亿平方米，为 560 多万外来人口提供了住宿，居住面积人均大概 20 平方米。在调查中发现，东莞各镇（街）的出租屋市场已供过于求，出租屋平均租金较低，且呈逐年下降的趋势，说明东莞目前住房矛盾并不突出。

与此同时，外来人口的居住方式以工厂宿舍和出租屋为主，自有住房比例低。通过调研发现，工厂普遍会提供宿舍，也有部分员工在外租住周边城中村的出租屋。问卷结果显示，79% 的外来务工人员会住在厂区宿舍或者城中村出租屋，居住在廉租房的占 8%，住在商品房的外来务工人员比重占 11%，居住在自有商品房的仅 4%，而在自有商品房的人群中有 62.5% 是外来人口。由于东莞市购房政策的调整，非莞籍人员目前不能在东莞购房，所以整体上说外来人员在东莞拥有自己的住房是非常少的。

从政府居住保障看，东莞提供的保障性住房有公共租赁房屋、廉租房、经济适用房这三种形式，但廉租房和经济适用房仅限户籍居民申请。东莞集中建设廉租房和经济适用房项目雅苑新村，位于东城区，设计总户数为 4852 户（包括廉租房 1567 户、经济适用房 3285 户），截至 2017 年 8 月，共分配了 1070 套，其中满足条件并购买经济适用房的仅 323 户，空置 3782 套。2018 年，东莞颁布《东莞市公共租赁住房管理办法》，规定提出"本市新就业无房职工和在本市稳定就业的外来务工人员"进行租住。可见，本地户籍居民的住房保障基本满足，逐渐将住房保障向外来人口覆盖。

公共租赁住房（简称公租房）是指由国家提供政策支持，地方政府或国家企事业单位等各种社会主体通过新建或者其他方式筹集房源，面向中低收入群体出租居住的保障性住房，公租房的申请不受户籍与区域的限制。2011～2016年，由东莞市财政筹资建设的公租房仅布局在松山湖生态产业园区，共有12290套，主要是因为松山湖作为政府打造的园区平台，园区内没有城中村出租屋，但公租房出租率仅73.93%，显然没有达到理想的水平。从政策上看，公租房逐渐向外来人口覆盖。2014年1月，出台《东莞市公共租赁住房管理办法》（东莞市人民政府令第138号），明确了公租房的供应对象为东莞中等偏下收入住房困难家庭、新就业无房职工，尤其特别针对在东莞稳定就业的外来务工人员，标志着东莞开始建立以公租房为主体，覆盖中低收入户籍人口并惠及外来人口的住房保障体系。

从居住环境分析，外来人口职住邻近但周边休闲娱乐设施匮乏。东莞职住一体的工业园区现象和城中村的问题类似，主要体现为高密度分布和混乱的建筑形态及其布局，严重缺乏内部基础设施和公共设施，主要原因在于东莞本地居民依赖地租收入。同时，东莞前期城市偏重数量扩张，以数量导向的城市化带来区域的分散化发展（许学强，2013），城镇的分散布局使得基础设施和公共服务设施配置达不到合理规模。与许多城市所受职住分离困扰的情况不同，东莞职住一体的工业园区模式使得大部分工人能在25分钟内到达工作场所。但这种情况造成的结果是东莞公共交通不发达，地铁使用率低；职住生产空间和休闲娱乐商业空间明显分离，经常有员工会反映住所离娱乐服务中心太远的问题。可能去一次大型超市乘公交车要花一小时。长安镇维沃（VIVO）移动通信有限公司HR负责人张先生谈道："希望政府解决一些基础的问题，公共服务设施什么的，公园、打球场、地跑步场地等等，文体商业设施镇上配套还比较好，但下面的社区比较差，工业区内的配套更少了。"

（二）外来人口居住公共服务需求

东莞外来人口居住需求规模和分布受经济发展变化影响。从2010～2015年东莞出租屋数量变化可以看出，2008～2015年，登记备案的出租屋在不断减少，出租屋的出租情况受经济影响比较大，反映了外来人口的流动性较大，造成对租房需求的减少。从东莞新莞人提供的抽样调查数据看（见表5-5），东莞出租屋数量大，租金便宜，有较高的空置率。

表 5-5　2010～2015 年东莞出租屋出租情况

时间	空置率（%）	平均租金（元/间）
2013 年全年平均	27.43	204.01
2014 年全年平均	28.08	207.08
2015 年全年平均	28.32	207.73

注：数据由东莞市新莞人局提供（数据说明：①该表有关数据由各镇街进行抽样调查得出；②抽样的出租屋以间为单位，每间出租房面积为 10～15 平方米；③由 2013 年 10 月开始，统计周期由每月统计一次，调整为每季度统计一次）。

　　根据调查，厚街镇、长安镇、茶山镇的出租屋数量整体呈下降趋势，厚街镇出租屋数量从 2008 年的 20417 栋降到 2016 年的 16751 栋；长安镇出租屋数量先降后升，2008～2010 年下降，后逐渐上升；茶山镇出租屋数量从 2008 年的 5015 栋下降到 2011 年的 4597 栋，随后数量逐年上升。从图 5-6 可以看出，对比 2008 年和 2016 年厚街、长安、茶山三镇外来人口数量，分别比 2008 年减少了 48.14%、43.01% 和 25.86%。出租屋数量的下降体现的是东莞住房供给的下滑，反映的是外来人口居住需求的减少，这一趋势和经济增长变化造成的外来劳动力流失密切相关。厚街镇、长安镇、茶山镇在 2008～2016 年注销了大量的制造业企业，不仅对东莞外向型制造业造成了极大的冲击，也影响了对居住公共服务设施的需求。

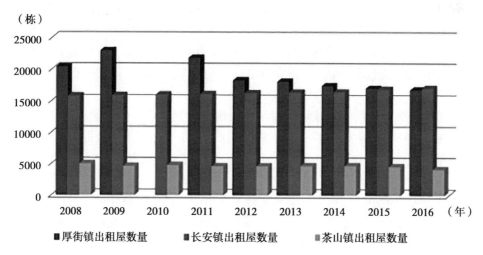

图 5-6　2008～2016 年厚街镇、长安镇和茶山镇出租屋数量变化
注：数据由东莞市新莞人局提供。

厚街华雄家具企业 HR 负责人见证了这一变迁："现在出租屋空得厉害，原来街上很热闹，人很多，现在太冷清了。金融危机导致企业倒闭，外迁了一拨人，2013 年打非又走了一拨人，现在房子租金便宜，空得也多。"

外来人口结构性的变化使居住需求发生变化。外来人口结构变化包括劳动力大龄化、新一代年轻人进入劳动力市场、性别结构变化、受教育程度变化等。本部分主要讨论人口的老龄化和新一代劳动力对居住需求的变化。第一代农民工随着年龄的增长部分回迁，继续留在城市的劳动者携带子女或老人进城，带眷系数增加，对居住有了新的需求；新一代劳动力对工作环境、生活质量等有更高、更加多元化的诉求。

第一，第一代农民工随着年龄的增长部分回迁，继续留在城市的劳动者携带子女或老人进城，带眷系数增加，对居住有新的需求。改革开放以来，随着"三来一补"企业的迁入，大量来莞的外来从业务工人员，已逐步成长为技术人员、熟练工人或管理人员。随着在莞工作时间延长，他们的年龄不断增长，第一代外来劳动力大龄化和本地化趋势逐渐明显。根据东莞市委政研室 2018 年的《基于东莞市劳动力大数据的公共服务需求变化研究》发现，新莞人本地化、大龄化趋势明显；抚养比、带眷系数提高，劳动力家庭式的迁入等使得劳动力对东莞市本地的公共服务需求有所增加。反映在居住方面，就是外来务工人员对企业宿舍的家庭房、夫妻房等需求的增加。

在访谈中问到员工住宿情况时，茶山镇东兴商标织绣厂庄女士这样说："工厂提供的是集体宿舍，宿舍有六人间、四人间、二人间。在外租房的居多是有男女朋友、夫妻、有小孩，在公司未必能拿到单独的房间，主要是考虑个人生活需求。夫妻房大约有 60 间。夫妻房中有孩子在里面住的比较少，因为不是每个家庭都把孩子带来，留在家里的还是占多数，这又回到小孩上学难的问题。"

同样，在谈到员工居住情况时，长安镇祥兴玩具厂甘经理说："大概住宿舍和在外租房的比例是一半一半，一般新来的员工会住厂里，做得久就会选择在外租房住，因为在外住总归会自由些。一般有家庭的都会选择在外面租房住，即使工厂提供夫妻房，他们也不愿意。工厂有 100 多间夫妻房，因为一般结婚的会考虑生小孩，也会有老乡亲戚朋友串门，目前限制外来人进宿舍，因此不能亲友串门。夫妻都在东莞的情况还蛮多的，有 100～200 人，带小孩的就相对少一些，大多留在老家。"

同时，大多企业表示，夫妻同在一厂工作的情况下，劳动力更愿意留下来工作，流动性大大降低。但目前大多企业满足不了日益增加的夫妻同来务工者的住宿需求。茶山镇百顺纸品负责人利先生提到："我们厂夫妻也不少，男的做开机（工资比较高），女的做包装，夫妻房仅有十几个，数量不够。"

长安镇祥鑫科技公司负责人陈先生也表示目前住宿不能满足家庭居住的需求，表示"目前工厂夫妻房大约有 100 间，主要是提供给干部及工程师等高级阶层，无法满足所有需求"。

20 世纪 80 年代以来，伴随着中国乡城的大规模人口流动，以夫妻二人共同外出为主的家庭式迁移成为城市化进程中的一个重要表现（符丽燕、杨晔琴和余昌妹，2012）。基于外来人口与户籍人口严重"倒挂"的现实考虑，加之外来人口带眷进城比例加大，这要求城市政府在城市基础设施、生活服务设施和社会保障体系建设各方面（人口研究编辑部，1999），要考虑外来人口的需求，同时可促进城市功能的完善，因此，公共服务设施的配置将成为东莞提升市民化质量的关键。

第二，新一代劳动力随着生活水平的提高对住宿要求不断提高。随着生活质量的提高，经济条件的改善，年青一代劳动力对住宿条件也越来越高，工厂宿舍的空调、WiFi 等成为工厂招人基本条件和标准配置。"90 后""00 后"劳动力与上一代务工者出现了较大的差异，越来越追求自我满足，不愿意受约束。有不少工厂管理人员反映，年轻的劳动力想离开就可以迅速抛弃这份工作，甚至连之前的工资都可以不要。所以在金钱的驱动力不是第一位的时候，想要留下新一代务工者就必须在住宿环境上做到舒适、方便、完善，体现人文的关怀。例如，在追求隐私性、环境舒适性的情况下，越来越多的工厂宿舍需要从 6 人间、8 人间的宿舍向 4 人间、2 人间宿舍发展，这对企业而言又是一个高昂的成本支出。

第三，除了数量上的需求，外来人口对居住公共服务的质量提出更高的需求。东莞分散的城镇布局影响了城镇聚集效应，城市基础设施达不到合理规模，工业园区和社区的居住环境缺乏基本公共服务设施配套。出租屋是东莞市外来人口重要的住房来源，出租屋居住环境的好坏直接影响对外来人口的吸引力。

首先，外来人口居住地周边公共服务配套设施匮乏。东莞职住一体的工业园区现象和城中村的问题类似，主要体现在高密度分布和混乱的建筑形态及其布局，严重缺乏内部基础设施和公共设施，城镇的分散布局使得基础设施和公共服务设施配置达不到合理规模，出租屋周边缺少适宜老人和小孩的广场、公园、体育等设施。其次，居住社区治安水平有待提高。社区安全是基本的保证，调研结果显示，有些工业区偷盗抢劫犯罪率较高，对居住者的生命财产安全都造成了威胁。最后，职住生产空间和休闲娱乐商业空间明显分离，大多数出租屋都分布在工业区旁边，远离镇、区中心的娱乐服务、商业服务配套设施，外来劳动力尤其是年轻劳动力对于休闲娱乐的需求难以满足。经常有员工反映住所离娱乐服务中心太远的问题，可能去一次大型超市乘公交车要花一小时。

三、医疗公共服务供给与需求分析

就医问题是另一个关乎民生的重要公共服务问题。提升东莞市医疗基础设施质量和服务水平，让更多外来人口参与医疗保险，获得与本地人同等的医保待遇，享受广泛适当、快捷便利的医保服务，对提升外来人口市民化质量十分必要。从供给角度而言，东莞的医疗机构以公立医疗资源为主导，总量设置基本满足要求。但存在各镇街医疗机构与医疗资源分布不均、人均医师数、人均床位数水平较低等问题。从需求角度而言，东莞的医疗设施基本满足患者使用需求，将外来常住人口及其随迁家属纳入社区卫生服务覆盖范围，镇街社区卫生服务中心（站）充分发挥了作用。本部分针对东莞 2008 ~ 2017 年医疗机构数量、分布和使用情况进行分析，主要掌握近年来东莞医疗服务的变化情况。

（一）医疗公共服务供给分析

调研资料表明，东莞医疗机构中基层医疗机构数量最多，近 10 年内医疗机构数量整体在波动中略有增加，其中基层医疗机构数量增加明显。2017 年数据显示，东莞共有 97 家医院、两所专业公共卫生机构（一所妇幼保健院和一所专科疾病防治院）、33 所社区卫生服务中心，剩余的还有门诊部、诊所、卫生所、医务室等。2008 ~ 2009 年、2011 ~ 2014 年，东莞医疗机构数量都有所下降，2014 ~ 2016 年又呈现增加趋势。从医疗机构的所有制结构看，公立医疗机构数量逐渐减少，社会医疗机构数量逐渐增加。东莞医疗机构在 2013 年经历了一次结构性转变，2013 年以前，医疗机构以公立机构为主，而 2013 年以后，社会医疗机构数量超过公立机构且逐年增多，社会医疗机构数量的不断扩大使得社会医疗机构占据主体。医疗机构数量的变化一定程度上反映了东莞人口流动的情况，也受政府推动"村改居"和医疗资源下沉、分级诊疗合理分流等政策的影响。

从床位数和医师数等资源的整体情况看，2017 年，东莞共有 99 所医院，其中床位数共 29866 张，医师数 13900 人，平均每所医院床位数是 301.7 张。较之 2008 年，床位数、医师数和平均床位数逐年增加，床位数共增长 1.78 倍，医师数增长 1.13 倍，每家机构平均床位数增长 1.42 倍。从人均情况看（见表 5-6），2016 年，东莞每千常住人口床位数为 3.4 张，低于全国平均水平的 5.4 张；每千常住人口医师数量为 2.0 人，也低于全国平均水平的 2.3 人。东莞市的床位数和医师数量人均水平虽然呈现逐年增加趋势，但历年人均水平都低于全国平均水平。

表 5-6　东莞与全国每千常住人口床位数与医师数量对比

单位：张，人

年份	东莞每千常住人口床位数	全国每千常住人口床位数	东莞每千常住人口医师数量	全国每千常住人口医师数量
2008	2.2	2.8	1.6	1.7
2009	2.3	3.1	1.6	1.7
2010	2.4	3.3	1.6	1.8
2011	2.8	3.5	1.6	1.8
2012	3.0	3.9	1.7	1.9
2013	3.1	4.6	1.7	2.0
2014	3.2	4.9	1.8	2.1
2015	3.3	5.1	1.8	2.2
2016	3.4	5.4	2.0	2.3

注：数据由东莞市卫生和计生局提供。

从医疗机构分布看，高等级医疗机构分布比较集中，基层医疗机构分布均衡。从医疗机构数量空间分布上看，2017 年，东莞共有 130 家 A 类医院和 B 类社区服务中心（站），主要集中分布在以东城、南城、万江和莞城为代表的市区和以虎门镇和长安镇为代表的经济发达镇街，而洪梅镇、望牛墩镇、谢岗镇、茶山镇等经济相对落后的镇街医疗机构数也相应较少。社区卫生服务中心（站）根据行政区划设置，每个镇街都分布一个中心和若干站点，比较均衡。而社会医疗机构在经济发展较好的镇街分布较多，医疗资源与医疗机构空间分布相似，集中于发达镇街。

从综合医疗资源总数和人均资源数量看（见表 5-7），万江镇、东城街道、石龙镇和南城镇的资源总数和人均数量都在全市排名靠前，而虎门镇、厚街镇、长安镇、寮步镇和塘厦镇等较之资源总数排名，人均数量排名略显落后，企石镇、洪梅镇等虽然资源总数在全市排名较后，但人均数量较高，排名较前，望牛墩镇、道滘镇等不论是资源总数还是人均数量，在全市排名均较后。

表 5-7　2017 年东莞医疗资源镇街综合排序

	每千常住人口床位数 （排名）	每千常住人口医师数 （排名）	床位数 （排名）	医师数 （排名）
万江街	2	1	1	2
东城街	4	3	2	1
石龙镇	1	2	4	6
南城街	5	4	7	4
虎门镇	10	7	3	3
常平镇	8	12	6	9
中堂镇	3	6	12	18
樟木头镇	7	5	16	16
厚街镇	19	11	8	7
大朗镇	14	9	13	11
凤岗镇	12	16	11	12
长安镇	18	26	5	5
黄江镇	15	13	15	15
寮步镇	17	25	9	10
塘厦镇	23	21	10	8
企石镇	9	8	20	25
桥头镇	13	14	17	20
麻涌镇	6	17	18	28
清溪镇	22	22	14	13
石排镇	21	10	23	21
大岭山镇	28	18	19	14
莞城街	20	15	22	22
横沥镇	24	23	21	19
东坑镇	16	20	24	27
茶山镇	25	19	26	23

续表

	每千常住人口床位数 （排名）	每千常住人口医师数 （排名）	床位数 （排名）	医师数 （排名）
洪梅镇	11	27	30	32
石碣镇	32	29	27	17
高埗镇	29	32	25	24
谢岗镇	26	24	31	30
沙田镇	31	30	28	26
望牛墩镇	27	28	32	31
道滘镇	30	31	29	29
松山湖	33	33	33	33

资料来源：东莞市卫生和计生局 2017 年数据。

从公共卫生服务覆盖群体看，基本做到基本公共卫生项目全覆盖。根据前述，目前东莞全市建立起以市属医院与三级民营医院为"网顶"，以镇街综合医院为枢纽，以社区卫生服务中心（站）及村其他基层医疗机构为"网底"的三级医疗服务机构，目前居民基本步行 15 分钟就能获得基本医疗卫生服务。

从公共医疗卫生服务内容看，实现基本公共卫生服务全覆盖，免费向所有户籍及非户籍人口提供建立城乡居民健康档案、健康教育、预防接种、妇幼保健、传染病防控等 11 大项 43 子项的基本公共卫生服务项目，从公共医疗卫生服务覆盖面看，基本做到面向常住人口的全覆盖。如表 5-8 所示。

表 5-8　东莞外来人口享受公共卫生服务项目统计

序号	服务 类型	服务 项目	服务内容	2016 年 覆盖人数
1	基本公 共卫生	建立居民 健康档案	为辖区居民建立统一、规范的居民健康档案	535.2 万人
2	基本公 共卫生	健康教育	向常住居民提供健康教育宣传信息和健康教育咨询服务，设置健康教育宣传栏并定期更新内容，开展健康知识讲座等健康教育活动	覆盖户籍人口和新莞人 34.5 万人次
3	基本公 共卫生	儿童保健	为辖区内 0~36 个月常住儿童建立儿童保健手册，开展新生儿访视及儿童保健系统管理	覆盖户籍人口和新莞人 56 万人次

续表

序号	服务类型	服务项目	服务内容	2016 年覆盖人数
4	基本公共卫生	孕产妇保健	为辖区内孕产妇建立保健手册，开展孕期保健服务和产后访视。进行一般体格检查及孕期营养、心理等健康指导，了解产后恢复情况并对产后常见问题进行指导	覆盖户籍人口和新莞人30.6 万人次
5	基本公共卫生	老年人健康管理	对辖区 65 岁及以上老年人进行登记管理，建立健康档案，进行健康危险因素调查和一般体格检查，提供疾病预防、自我保健及伤害预防、自救等健康指导	覆盖户籍人口和新莞人17.8 万人次
6	基本公共卫生	免疫规划	为辖区内适龄儿童接种国家免疫规划疫苗；发现、报告预防接种中的疑似异常反应，并协助调查处理（覆盖对象为辖区内 0～6 岁儿童和其他重点人群）	覆盖户籍人口和新莞人310 万人次
7	基本公共卫生	传染病报告处理	及时发现、登记并报告辖区内发现的传染病病例和疑似病例，参与现场疫点处理；开展结核病、艾滋病等传染病防治知识宣传和咨询服务；配合专业公共卫生机构，对非住院结核病人、艾滋病病人进行社区管理（覆盖对象为辖区内法定传染病人、疑似病人、密切接触者及相关人群）	—
8	基本公共卫生	慢性病管理	对辖区内高血压、糖尿病高危人群进行指导。对 35 岁以上人群实行门诊首诊测血压。对确诊高血压和糖尿病患者进行登记管理，建立健康档案，定期进行随访，每次随访要询问病情、进行体格检查及用药、饮食、运动、心理等健康指导（覆盖对象为辖区内 35 岁及以上原发性高血压或（并）2 型糖尿病患者）	覆盖户籍人口和新莞人29.3 万人次
9	基本公共卫生	重性精神疾病管理	对辖区重性精神疾病患者进行登记管理，建立和完善档案资料，在专业机构的指导下对在家居住的重性精神疾病患者进行治疗随访和康复指导、健康检查	覆盖户籍人口和新莞人16 万人次

资料来源：计生与卫生管理部门。

（二）外来人口医疗公共服务需求

1. 就近就医行为普遍，基层卫生服务需求增加

总体上看，东莞医疗资源保有度较高，特别是基层社区卫生服务站点基本能够保障每个镇街人口的看病需求，分布较为均衡。从对外来人口的调查中可以看到，外来人口总体上对医疗资源的使用评价基本达到满意水平。在东莞居住的外来人口，其看病行为具有以下几个特点：

第一，新一代东莞劳动力人口看病观念有所转变。东莞新一代劳动人口的看病观念不同以往，"有病就看"是他们的行为特征。传统的东莞打工者给人一种吃苦、节约的印象，但随着劳动力年龄的下移，年轻的"80后""90后"劳动人口逐渐成为主要劳动力，在他们看来，身体感到不舒服就应该上医院，看病频率明显增加。如图5-7所示，有50%以上的被调查人口每次生病了都会选择就医，也有将近50%的劳动力平均每两次生病就有1次会去就诊。这不仅反映了劳动力的就医行为有所改变，也侧面反映东莞医疗点的分布较为合理，其医疗需求基本能够得到满足。

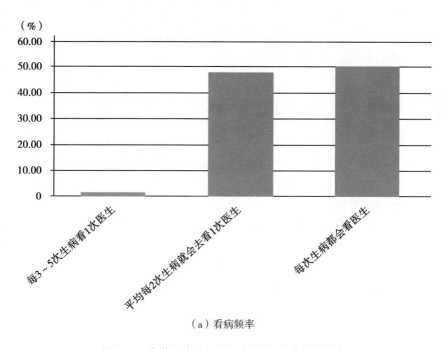

（a）看病频率

图5-7　东莞外来人口看病频率和看病花费分布

119

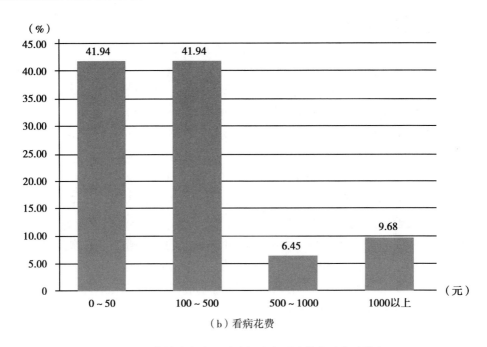

（b）看病花费

图5-7　东莞外来人口看病频率和看病花费分布（续）

资料来源：东莞市卫生和计生局。

第二，患者就近就医行为特点明显。劳动力人口就近就医的特点较为明显，而对于去大型医院就医的意愿较少。可以看出，对劳动者而言，去社区卫生服务中心（站）看病是首选，高达50.60%的劳动者会选择去社区服务中心看病。有26.51%的劳动者会选择去附近的卫生所、诊所或门诊部门就医。具有就近就医行为的劳动力占到了总调查人数的77.11%。只有20.48%的劳动力选择到镇里医院看病。

第三，医疗报销比例较为合理。总体而言，劳动者对医疗报销比例较为满意。花费在100元以下的和花费在100～500元的劳动者占比相同，都是41.94%。平时一些微小病痛的花费也在劳动者能承受的范围内。对应报销比例而言，0～100元花费的报销比例最高，达到26.37%。随着看病花费的增加，报销比例逐渐减少，对劳动者的经济压力逐渐增大，但得不起"大病"的现象依旧存在。

第四，患者偏好就近购药。劳动者们偏好在社区卫生服务中心站或者路边的药店购买药品。由此可见，各个镇的社区卫生服务中心对劳动者而言是比较信赖的机构。做好社区卫生服务中心站的医疗建设、提高服务中心的医师水平，是未来需要考虑的问题。

　　总体而言，通过访谈调研，劳动者对住宿环境、住宿周边设施情况、子女上学状况、医疗情况的总体评价较为中肯。然而，对于租房补贴普遍反映待遇较差，侧面突出了企业对劳动力住房补偿力度尚有欠缺。劳动者都对医疗报销比例比较合理、报销程序较为简便、就医较为方便感到满意。

　　2. 随着人民健康意识增强，对高质量医疗卫生服务需求有所增加

　　总体而言，东莞医疗公共服务设施基本能够满足就医需求，从外来人口的调查中可以看到，外来人口总体上对医疗资源的使用评价基本达到满意水平。然而，在调研过程中也了解到在莞外来人口对医疗资源的如下需求：

　　第一，医疗资源质量有待提升。根据对调研对象的访谈，普遍反映感冒等小病容易就医，然而一旦有比较严重的疾病则需要到市区或镇上就诊，耽误了不少就医时间，就医体验也有待提升。大朗镇某企业高管说："大朗镇就大朗医院一个公立医院，就是这样它的环境也非常差，墙壁都是黑的，别说医师水平了。"据了解，某高管所在公司从深圳迁入东莞大朗镇，迁入后对就医质量颇有不满。未来，要留住更多高水平人才，应该提升执业医师人才数量和医疗资源水平，为人才在东莞的定居提供健康环境。

　　第二，对就医时间提出更快的要求。随着信息时代和制造业技术的飞速发展，获取医疗资源所需时间对越来越多外来务工人员，特别是高水平人才而言更为重要。许多患者对医院挂号排队以及疾病治疗的等待时间提出了更高要求。许多受访对象表示，在医院挂号排队就需要很长时间，且这种长时间等待建立在他们请假的机会成本之上，损失的工资常常让一些外来务工人员对上医院就医望而却步。

　　第三，灵活就业者和医保意识不强将会影响公共医疗卫生的全覆盖。东莞的制造业正处于转型阶段，"机器换人"持续推进，"机器换人"造成用工缩减并催生新的用工需求，使得外来务工人员就业流动性增加。而且，随着劳动者就业观念的变化，越来越多劳动者不再长期在某个工厂就业而选择打零工，"零工经济"顺势而生。面对流动性较强的就业者，企业和劳动者双方的医保意识较弱，造成医疗保障不能覆盖灵活就业者。另外，东莞外来人口中尚存在大量劳动力未购买医保者，这种情况主要发生在一些劳动力密集且属于低端制造的行业中，例如制鞋业、毛纺织业等。这部分劳动者具有的特征是胜任重复性、机械性任务，技能水平较低，购买社保意识不强。技能水平和行业需求的不对等将加速低技能劳动者的流动速度，这部分劳动者将成为未来医保难以保障的部分。

四、文体服务设施供给与需求分析

　　珠江三角洲城市化日益关注以人为本与社会和谐。城市政府积极推动外来

人口市民化进程，积极探索制度创新，鼓励与促进外来人口在就业和居住方面实现由乡村到城镇空间的转移。同时，城市政府注重城市综合环境营造，城市广场、文化体育教育等公共活动设施和场所建设得到前所未有的发展。近年来，东莞文化体育场地（所）数量大幅增长，设施开放力度加大，惠及部分外来人口，建设成效显著。然而，从全市空间布局看，文化体育设施的分布仍不够均衡，同时文体设施利用率仍有待进一步提升。

（一）文化服务设施供给现状分析

东莞城市政府不断推进文化惠民工程，推进美术馆、图书馆、文化馆（站）等公共文化服务设施均等免费开放。完善、提升和优化基层公共文化设施网络，实施村（社区）综合文化服务中心标准配置，建设村（社区）图书馆服务点。积极培育文明健康生活方式，鼓励基层社区在公共文化场所开展关注异地务工人员身心健康的娱乐活动，不断扩大活动的覆盖面。

公共文化设施免费开放。从2008～2016年东莞市公共文化事业机构变化情况看，东莞市公共图书馆的数量稳中有升，总体上呈增长趋势，博物馆数量小幅度增长，2016年达到了49个。《东莞统计年鉴（2017）》显示，近十年来东莞的群众艺术馆、文化站、档案馆数量一直较为稳定，其中公共图书馆的藏书量有较大幅度增加，从2005年的660万册增加到2016年的1014万册。文化设施的建设取得相应成效，在服务本地居民的同时惠及大部分外来务工人员。

基本文化服务以社区、村/居委会为实施和建设单元。在城区集中布局图书馆、科技馆和文化馆等设施，在镇街设置文化站，村社设置文化室。多数企业或工厂自己设置员工文化活动室，提供电视、卡拉OK、阅览室等部分文化活动场所和设施，作为招工和吸引人才的手段之一，但文体设施规模和数量有限。

从文化设施使用方面看，公共文化设施的使用以户籍人口为主，外来务工人员居住在厂区内或厂区周边出租屋内，使用频率不高。由此可见，在基本公共文化提供和服务方面，形成了工厂—社区两个提供文化活动的空间，外来务工人员对文化设施利用有待引导。

表5-9 2008～2016年东莞公共文化事业机构变化情况

年份	群众艺术馆（个）	文化站（广电文化中心）（个）	公共图书馆（个）	公共图书馆藏书量（万册）	博物馆（个）	档案馆（座）
2008	1	33	387	515	23	1
2009	1	33	504	599	31	1
2010	1	33	505	701	30	1

续表

年份	群众艺术馆（个）	文化站（广电文化中心）（个）	公共图书馆（个）	公共图书馆藏书量（万册）	博物馆（个）	档案馆（座）
2011	1	33	622	771	31	1
2012	1	33	649	1020	31	1
2013	1	33	641	1061	31	1
2014	1	33	641	996	33	1
2015	1	33	641	1015	48	1
2016	1	33	605	1014	49	1

资料来源：《东莞统计年鉴》（2017）。

（二）公共体育设施供给现状分析

（1）东莞公共体育设施规模大，数量多。根据东莞体育局数据，东莞体育场地总数为13246个，其中，12547个场地属各镇（街）的，占总数的95%；552个场地属教育系统直属学校的，占总数的4.2%；其余147个场地，属酒店行业、体育系统等，占总数的0.8%。同时，与市民生活息息相关的城市健身步道和全民健身路径数量多达1050个。

（2）体育场地分布不均。其一，公共体育场地主要分布在经济发展较快的镇街，如长安镇、常平镇、大朗镇、塘厦镇、虎门镇、寮步镇等体育场地数量均在500个以上，而经济欠发达镇的体育场地则偏少。其二，场地归属教育行业比重大，以学校为主，东莞体育场地13246个，其中学校内体育场地4062个，占30.6%。

（3）公共体育设施服务效能有待提升。在全市13246个体育场地中，学校内体育场地有4062个，占比达到30.6%，尽管学校内体育场地开放力度在加大，但只有93个全天对外开放，分时段开放的有565个，不对外开放的总共有3368个，占了绝大多数。东莞225万平方米的高尔夫球场和酒店行业的体育场地设施，以及大型场馆除大型运动会和比赛外难以被市民使用，由政府下属单位管理尚未市场化，均表明东莞市体育设施利用率不高，有待进一步提升。

（三）外来人口文体服务需求影响因素分析

1. 以户籍人口为导向的规划忽略了外来人口对公共文化体育的需求

新生代流动人口不同于老一代流动人口，他们具有较强的权利意识和发展需求，他们的流动不再是求生存，而是谋发展（国家人口和计划生育委员会流动人口服务管理司，2012）。城市政府基本没有将他们对公共服务的需求纳入

表5-10 东莞各类体育场馆设施情况

镇（街）	合计（个）	体育场（个）	田径场（个）	小运动场（个）	体育馆（个）	游泳（馆）（场）（个）	篮球场（馆）（个）	羽毛球场（馆）（个）	乒乓球场（馆）（个）	足球场（个）	网球场（馆）（个）	全民健身路径（个）	其他类体育场地（个）
长安	1364	—	4	8	5	25	368	344	341	10	22	190	47
常平	788	1	7	30	2	24	300	103	146	9	14	50	102
大朗	723	2	—	21	1	10	300	66	168	11	5	30	109
塘厦	710	—	7	10	2	10	277	143	156	13	7	34	51
寮步	617	—	5	20	4	22	267	64	103	6	4	47	75
虎门	582	3	2	15	—	19	279	36	56	12	7	41	112
东城	550	2	5	10	3	43	274	67	26	5	33	51	31
厚街	478	2	1	23	1	10	255	52	64	4	11	17	38
中堂	446	—	4	12	2	3	184	32	144	1	2	24	38
沙田	433	—	—	6	—	16	243	49	68	6	2	36	7
石排	401	1	1	10	—	3	191	46	84	3	2	35	25
万江	398	—	3	20	—	15	190	24	47	2	10	60	27
高埗	358	—	2	8	—	4	170	35	45	5	2	33	54
石碣	342	—	3	15	3	2	208	22	45	6	2	13	23
横沥	341	—	4	10	1	4	217	24	31	4	1	26	19
桥头	324	—	2	9	—	7	150	52	59	4	1	19	21
南城	314	—	3	10	2	37	135	28	28	12	17	19	23
凤岗	312	—	7	5	4	10	145	43	47	5	4	30	12
道滘	283	—	1	8	2	4	110	38	46	5	5	33	31

续表

镇（街）	合计（个）	体育场（个）	田径场（个）	小运动场（个）	体育馆（个）	游泳（馆）（场）（个）	篮球场（馆）（个）	羽毛球场（馆）（个）	乒乓球场（馆）（个）	足球场（个）	网球场（馆）（个）	全民健身路径（个）	其他类体育场地（个）
东坑	270	1	—	5	—	3	148	22	50	2	4	17	18
谢岗	267	—	1	5	—	3	131	29	38	1	3	27	29
黄江	256	—	3	6	—	8	111	32	58	2	3	17	16
望牛墩	243	—	1	6	—	2	105	29	38	3	2	27	30
麻涌	232	1	2	8	—	5	107	24	34	8	1	23	20
清溪	208	—	—	9	1	1	127	14	16	—	—	27	12
樟木头	201	—	2	9	—	13	97	23	28	1	4	19	15
企石	196	1	—	9	—	—	90	17	39	1	4	20	15
石龙	184	—	—	7	2	13	68	29	21	1	3	5	35
茶山	178	—	4	2	—	1	129	10	6	3	—	19	4
大岭山	153	—	—	2	—	—	105	12	8	4	—	17	5
莞城	151	1	2	6	—	11	32	9	19	—	5	27	39
松山湖	125	—	4	—	—	4	59	7	10	9	10	5	17
洪梅	119	1	1	2	—	1	72	13	10	—	3	7	10
直属教育系统	552	7	29	10	23	8	251	75	38	30	23	1	57
星级酒店行业	73	—	—	—	—	26	3	—	6	1	9	—	28
体育系统	68	1	1	0	1	5	25	0	1	5	17	4	8
合计	13246	24	110	327	59	372	5923	1613	2124	193	242	1050	1209

资料来源：东莞市体育局。

到规划之中，而以户籍人口的需求为导向，对公共设施和服务进行规划配套，忽略了外来人口的需求。中央政府主要通过政策引导城镇化的健康发展，地方政府在推进地方城镇化中扮演重要的角色，但更多关注自身行政区范围内的经济发展和社会福祉，通过户籍制度排斥外来人口的社会融入（宁越敏和杨传开，2019）。

2. 地方政府通过政策导向影响外来人口对公共文化体育的需求

随着国家新型城镇化的深入推进，地方政府积极推动以人为本的新型城镇化，促进了外来人口市民化的进程，通过改进城市规划、公共服务均等化、同城同待等政策积极推动、扩大公共服务的覆盖面。从2017年开始，东莞每年在企业厂区等外来务工人员集聚区设立综合性文体娱乐室100套，此项工作纳入每年东莞市政府十件民生实事，逐步达成惠及全部外来人口的目标，提升外来务工人员的文化生活娱乐水平。积极鼓励具备开放条件的文化体育场馆向社会开放，以提高设施的利用率，扩大公共文体服务人群范围。

外来人口公共服务需求研究具有重要的现实意义。解决外来人口对教育、居住、医疗卫生、文化体育等基本公共服务需求有利于推进外来人口城市化的进程，使外来人口共享城市发展成果，实现社会和谐发展。公共服务设施及服务供需不足的矛盾根源于户籍人口导向的规划，完善公共设施及服务有利于吸引流动人口和促进城镇化质量的提高。

综上分析发现：

（1）东莞外来人口对公共教育服务需求与供给矛盾突出，教育资源供给紧张，空间分布不均；影响公共教育需求的主要因素是外来人口带眷系数高、教育资源有限、政府积分入学政策等，协调快速增长的需求和设施供给成为关键。

（2）在城市政府针对外来人口住房保障制度不完善的前提下，东莞外来人口居住通过市场供给调节和企业宿舍保障，丰富的出租屋和工厂宿舍基本可以满足东莞劳动力的住房需求，但在住宿环境和配套上难以满足部分劳动力的需求。外来人口居住需求影响因素研究表明：外来人口住房需求规模受经济变化影响。人口结构性变化对居住需求产生影响，新一代劳动力对居住条件要求高，劳动力大龄化和本地化趋势催生对家庭房和夫妻房的需求；东莞分散的城镇布局和职住一体的园区空间形态使得居住公共配套匮乏，城市转型升级有利于居住环境的改善。

（3）国家不断完善医疗卫生服务，医疗服务下沉，使得东莞公共卫生服务基本满足外来人口医疗卫生需求。加之市场化的医疗服务的补充，医疗卫生服务需求和供给矛盾相对较小。外来人口医疗卫生服务需求影响因素研究表明：

分级诊疗引导了社区就业行为的产生；随着人民健康意识增强，对高质量医疗卫生服务需求有所增加；灵活就业者和医保意识不强将会影响公共医疗卫生的覆盖。

（4）公共文化体育服务的分析表明，公共文化体育设施使用群体以户籍人口为主，企业为满足员工文体需求不断完善企业园区文体设施，但设施相对单一。研究发现，以户籍人口为导向的规划忽略了外来人口对公共文化体育的需求，公共服务均等化、"同城同待"等政策积极推动、扩大政府公共服务的覆盖面，有利于外来人口共享城市发展成果，有利于提高市民化质量。

第三节　基于政府公共服务供给的
东莞外来人口市民化成本

2014年3月，中共中央、国务院发布的《国家新型城镇化规划（2014—2020年）》明确提出，要建立健全由政府、企业、个人共同参与的农业转移人口市民化成本分担机制；明确成本承担主体和支出责任，政府要承担外来人口市民化在劳动就业、义务教育、保障性住房等基本公共服务及市政设施等方面的公共成本。本节从政策约束下的地方公共服务分析市民化成本，并对东莞外来人口市民化的成本进行估算。

一、政策约束下的外来人口公共服务供给

首先，城乡二元户籍制度及依附于其上的城市公共服务福利制度是影响外来人口市民化的主体性的政策体制障碍因素，分税制下外来人口市民化的成本分担制度是影响外来人口市民化的衍生性障碍因素（郭庆松，2011）。1994年实行分税制以来，财权和事权是不对称的，中央的财权多，而很多事情是地方做，地方又没有钱（厉以宁，2013）。郭庆松（2011）认为，外来人口市民化的成本理应主要由中央财政来承担，因为中央财政理应承担起"协调地区发展、实施宏观调控所必需的支出"。但当前在现实中，在外来人口市民化推进过程中存在事权与财权不对称、权利与义务不对等的制度性障碍和约束，外来人口市民化的成本主要落在地方财政身上，城市政府的公共服务供给不足受当前财政制度制约，影响到外来人口市民化进程的推进。

其次，地方城市政府出于自身财政状况制约，以及基于维护城市本地居民福利的考虑，在外来人口市民化成本的投入上没有很强的动力。城市政府"重

政绩、轻民生",对能促进地区经济发展和凸显政绩的生产性公共服务和基础设施投入意愿强烈,对具有社会职能、改善民生的生活性公共品提供意愿不足,影响到城市公共服务的供给。由于社会保障、教育、就业服务和公共卫生等公共品具有很强的外部性(欧阳力胜,2013),在政府财政转移支付有限的情况下,要做到为全部外来人口提供与城市本地居民均等的公共服务,城市政府财政支出压力较大,外来人口流入地城市政府也无意为其他地区"做嫁衣"。

最后,快速城镇化地区的城市政府外来人口公共服务供给的财政压力较大。根据笔者在东莞调研访谈和收集到的资料发现,东莞作为新型城镇化试点城市,城市政府制定和实施了系列公共服务均等化政策和措施,努力使本地户籍人口与常住人口皆有均等机会享受基本公共服务,但财政压力凸显。广东基本公共服务财政支出科目统计结果显示,东莞基本公共服务财政支出逐年增长,2011~2015年年均增速为9.99%,高于GDP年均增速,基本公共服务支出占全市一般公共财政预算支出比重达到44.86%。但基本公共服务中,中央、省分担资金极少,仅占6.64%。因此,目前外来人口的公共服务受到市民化成本分担机制制约,造成了公共服务的供给不足,影响到外来人口市民化程度的快速提高。

以东莞义务教育支出为例,2016年,东莞生均成本为1.28万元/人·年,但中央和省核定的生均成本仅为0.22万元/人·年,并且中央和省按核定标准的20%进行补助,即补助每个学生0.04万元/人·年,与东莞的生均成本相比还存在1.24万元/人·年的差距,有96.63%的缺口需由东莞市镇两级财政负担。如果按照2017年东莞义务教育阶段在校学生总人数994237人进行核算,东莞市镇两级财政对义务教育阶段支出为123.29亿元,其中,义务教育阶段在校的非莞籍学生864901人,东莞市镇两级财政需支出107.25亿元,对地方政府而言,推进外来人口市民化的庞大支出是巨大的财政负担。

二、基于公共服务的外来人口市民化成本分析

在已有的市民化成本相关研究中,中国发展研究基金会(2010)、国务院发展研究中心(2010)等机构尝试提出市民化成本的基本框架内容;申兵(2012)和冯俏彬(2013)等进行了系列实证研究,大都包含政府管理投入、基本公共服务和基本保障等方面。在市民化成本估算研究方面,国务院发展研究中心(2011)、南京市人口计生委与河海大学联合调查组(2014)的成本估算分别为8万元左右和13.14万元左右,部分学者的估算由于实证研究选取城市不同,市民化成本在5.7万~10万元。可见,市民化成本由于区域差异、城市规模等级等的不同,存在一定差异。科学测算外来人口市民化的成本能够为

城市政府提供科学依据，有利于逐步推进新型城镇化进程。

（一）基于八项公共服务的市民化成本测算

本书将东莞外来人口市民化成本分为：城市基础设施建设支出与基本公共服务支出两大部分。其中，基础设施建设支出主要根据政府在基础设施方面的开支列项，基本公共服务开支包括基本公共管理服务、基本公共教育服务、基本公共医疗卫生服务、基本公共文化体育服务、基本公共交通服务、基本社会保险服务、基本社会保障和就业服务、基本住房保障服务共八个方面。

本测算依据东莞市政府在上述八个方面的财政支出费用（资料为东莞市财政局提供的 2011 ～ 2016 年财政预算执行与预算草案报告）计算东莞市政府在城市基础设施建设支出和基本公共服务支出的人均财政支出（在不考虑规模效益而成本递减的情况下，估算政府的人均投入）。

总体上看，外来人口市民化人均成本（仅含政府投入部分）支出[①] 为 7.46 万 ～ 16.53 万元，其中，基础设施建设支出为 2.30 万 ～ 2.82 万元，占外来人口市民化成本的 30.80% ～ 17.07%，基本公共服务支出为 5.16 万 ～ 13.71 万元，占外来人口市民化成本的 69.2% ～ 82.93%，具体情况如表 5–11、表 5–12 所示。

表 5–11 基于八项公共服务的东莞外来人口市民化人均成本支出

项目	人均成本（万元，最小值）	占比（%）	人均成本（万元，最大值）	占比（%）
小计	7.46	100	16.53	100
基础设施建设支出	2.30	30.80	2.82	17.07
基本公共服务支出	5.16	69.20	13.71	82.93

表 5–12 基于八项公共服务的东莞外来人口市民化人均成本支出分项

单位：元

序号	项目	人均成本小计（最小值）	占比（%）	人均成本小计（最大值）	占比（%）
	合计	74628.42	100	165301.93	100
一	基础设施建设支出	22985.22	30.80	28221.86	17.07
（一）	幼儿园基础设施建设支出	274.86	0.37	1242.00	0.75
（二）	九年义务教育基础设施建设支出	3304.26	4.43	4853.00	2.94
（三）	职中教育基础设施建设支出	108.24	0.15	2829.00	1.71

---

① 区间的最大值按现行覆盖人口情况进行计算，区间的最小值按照所有农业转移人口均能享受基本公共服务计算，覆盖人口数据由东莞市财政局提供。

续表

序号	项目	人均成本小计（最小值）	占比（%）	人均成本小计（最大值）	占比（%）
（四）	医院基础设施建设支出	3456.00	4.63	3456.00	2.09
（五）	文化场馆基础设施建设支出	5850.00	7.84	5850.00	3.54
（六）	体育场馆基础设施建设支出	4400.00	5.90	4400.00	2.66
（七）	保障房建设支出	5580.00	7.48	5580.00	3.38
（八）	农家书屋建设支出	11.86	0.02	11.86	0.01
二	基本公共服务支出	51643.20	69.20	137080.07	82.93
（一）	基本公共管理服务	2368.65	3.16	5407.95	3.26
（二）	基本公共教育服务	9081.90	12.17	36316.80	21.97
（三）	基本公共医疗卫生服务	3418.89	4.58	31700.36	19.17
（四）	基本公共文化体育服务	961.80	1.29	1448.40	0.88
（五）	基本公共交通服务	955.00	1.28	955.00	0.58
（六）	基本社会保险服务	12265.00	16.43	14496.00	8.77
（七）	基本社会保障和就业服务	21734.00	29.12	45897.60	27.77
（八）	基本住房保障服务	857.96	1.15	857.96	0.52

参考相关测算方法，东莞外来人口公共服务市民化成本中基础设施建设支出包括以下方面：

（1）城市基础设施建设成本：根据《中国城市建设统计年鉴》（2011～2016）中城市建设维护资金和城区人口数据，计算出当年人均成本，对六年进行平均，作为城市基础设施建设人均成本。

（2）城镇公共管理成本：将一般公共服务、公共安全、科学技术、节能环保、城乡社区事务、农林水事务、资源勘探电力信息等事务、商业服务业等事务、金融监管等事务、国土资源气象等事务和粮油物资管理事务等项目支出加总，按照常住人口分摊，计算得出当年人均成本，再对六年进行平均，作为基本公共管理人均成本。

（3）基本公共教育服务：将总教育投入减去新莞人学生教育补贴投入，计算得出在校户籍学生当年人均教育投入费用，对六年进行平均，作为基本公共教育服务人均成本。

（4）基本公共医疗卫生成本：将卫生医疗支出总费用分摊至常住人口，得出当年人均成本，再对六年进行平均，作为基本公共医疗卫生人均成本。

（5）基本公共文化体育成本：将文化体育与传媒支出总费用分摊至常住人口得出当年人均成本，再对六年进行平均，作为基本公共文化体育人均成本。

（6）基本公共交通服务：将基本公共交通服务费用分摊至常住人口得出当年人均成本，再对六年进行平均，作为基本交通公共服务的人均成本。

（7）基本社会保险服务：将社会保险服务支出分摊至常住人口得出当年人均成本，再对六年进行平均，作为基本社会保险服务人均成本。

（8）基本住房保障成本：根据《中国城市建设统计年鉴》（2011～2016）数据，用竣工房屋价值除以竣工住房面积得出竣工房屋每平方米价格（4348元/平方米）；参照东莞市人均住房面积（24.8平方米），按照政府承担住房成本30%的比例，政府采取10年贷款还息（本息还款，年利率6.55%），计算出政府每年支付的住房保障财政支出成本为4416元/人·年。考虑非户籍农业转移人口的男女比例、已购房人数比例、购房意愿等因素，实际保障人数应在30%左右，因此用该系数乘以人均费用，最后为实际政府承担的住房保障成本。

（9）基本社会保障与就业成本：将社会保障与就业支出总费用分摊至常住人口得出当年人均成本，再对六年进行平均，作为人均成本。

（二）基于三项公共服务的市民化成本测算

本部分尝试基于教育、住房和医疗三项公共服务的视角，对东莞外来人口市民化成本测算时仅考虑这三项公共服务，不单独测算文化体育、交通、社会保险、社会保障和就业等方面的市民化成本。

在仅考虑教育、住房和医疗三项公共服务的条件下，东莞外来人口市民化人均成本支出为2.61万~8.68万元，其中，基础设施建设支出为1.27万~1.79万元，基本公共服务支出为1.34万~6.89万元。具体情况如表5-13所示。

表5-13　基于三项公共服务的东莞外来人口市民化人均成本支出分项

单位：元

序号	项目	人均成本小计（最小值）	人均成本小计（最大值）
	合计	26082.11	86835.12
一	基础设施建设支出	12723.36	17960.00
（一）	幼儿园基础设施建设支出	274.86	1242.00
（二）	九年义务教育基础设施建设支出	3304.26	4853.00

序号	项目	人均成本小计 （最小值）	人均成本小计 （最大值）
（三）	职中教育基础设施建设支出	108.24	2829.00
（四）	医院基础设施建设支出	3456.00	3456.00
（五）	保障房建设支出	5580.00	5580.00
二	基本公共服务支出	13358.75	68875.12
（一）	基本公共教育服务	9081.90	36316.80
（二）	基本公共医疗卫生服务	3418.89	31700.36
（三）	基本住房保障服务	857.96	857.96

对比已有研究中市民化成本估算结果，由于区域差异、城市规模等级、公共服务质量等的不同，市民化成本存在一定差异。科学测算外来人口市民化的成本能够为城市政府提供科学依据，有利于逐步推进新型城镇化进程，促进城市公共服务均等化。应意识到，外来人口市民化成本不应成为市民化的决定因素，外来人口尤其农民工市民化能够给社会、企业和农民工本身带来人力资本等"效益"（胡桂兰、邓朝晖和蒋雪清，2013），同时，能带动流入地城市消费经济的增长。

本章小结

本章主要从公共服务的视角，分析了积分入户、积分入学两项外来人口市民化主要途径的特征，对外来人口随迁子女教育、居住和医疗卫生等供需情况进行研究，对东莞外来人口市民化成本进行核算。

通过分别对积分入户和积分入学两种不同市民化途径的对比分析发现，外来人口可以通过积分入户的方式获得流入城市的户籍，获取和户籍居民同样的权益、基本福利和社会保障，从而逐渐融入城市，逐渐完成市民化，积分入户是基于城乡二元户籍制度下外来人口实现市民化的标志。积分入学是解决外来人口的子女和父母在一起的途径，实现以家庭方式迁移到城市，对外来人口的家庭迁移有着重要意义，积分入学是外来人口基于公共服务获取而进行市民化的一项重要特征。积分入户和积分入学在空间上的差异主要源于城市公共服务在空间分布的不均衡，东莞镇街之间公共服务设施特别是学校公共服务设施对外来人口的积分入学有显著的影响。

通过对教育、居住、医疗、文化体育设施四项公共服务的供给与需求进行分析，发现东莞外来人口对公共教育服务需求与供给矛盾突出，积分入学录取率逐年降低，大多数外来人口随迁子女在私立学校就学，比例高达 78% 左右。而就外来人口居住供需而言，由于东莞发展过程中典型的物业租赁经济模式，东莞出租房屋数量充足，大多外来务工人员（79%）居住在厂区宿舍或者城中村出租屋，同时面向外来人口的公租房出租率低（仅 73.93%）。从数据对比可以看出，出租屋和工厂宿舍可以满足东莞外来人口的基本需求，但在住宿环境和配套上需要提升。由于职工参保覆盖率的扩大和政府的医疗体系建设，外来人口的医疗卫生服务需求和供给矛盾相对较小。在文化体育设施方面，以户籍人口为导向的规划忽略了外来人口对公共文化体育的需求，公共服务均等化、"同城同待"等政策积极推动、扩大政府公共服务的覆盖面，有利于外来人口共享城市发展成果，有利于提高市民化质量。

公共服务的供给受到财政政策和市民化成本分担机制制约，通过外来人口市民化成本测算，外来人口市民化人均成本（仅含政府投入部分）支出为 7.46 万~16.53 万元，仅考虑教育、住房和医疗三项公共服务的人均成本支出为 2.61 万~8.68 万元。

第六章
东莞外来人口市民化影响机制分析

已有研究表明，个体因素、空间（社会—经济）因素、制度因素对外来人口市民化有着显著影响。本书进一步将公共服务纳入空间因素进行探讨，其中，个体因素通过构建回归模型与访谈资料进行分析，空间因素采用空间分析方法以分析镇街之间的社会经济水平、公共服务状况与外来人口市民化关系，制度因素采取描述性分析来研究对外来人口市民化的影响。

第一节　外来人口个体因素对市民化
影响机制分析

一、个体因素对市民化影响的回归分析

为探讨东莞外来人口市民化的个体因素影响及机制，本部分采用对东莞外来人口发放的调查问卷样本数据，运用二元逻辑回归模型（Binomial Logistic Regression）进行实证分析，将户籍身份转换为东莞本地居民视为实现外来人口市民化，以"是否愿意将户口迁入东莞"作为因变量，区别为"愿意入户"=1 和"不愿意入户"=0 两种不同情况。具体模型形式如下：

$$\log\frac{p}{1-p} = \alpha + \beta_1 x_1 + \cdots + \beta_k x_k$$

式中，p 为外来人口"入户"的发生概率，α 是常数项，β 是自变量的待估计系数，x 是解释变量，exp（β）是优势比 OR（Odds Ratio），表示外来人口入户概率与不入户概率的比值，在既定的参照水平下，OR 大于 1，意味着自变量能够提高外来人口入户的概率水平，某种因素对提升外来人口的入户意愿有显著的正向影响。模型检验通过最大似然比（Likelihood Ratio Test）进行。

参照已有文献成果，根据调查问卷样本数据，选择与人口结构特征相关的

性别、婚姻、年龄、户籍、学历、在莞时间和居住类型 7 项指标进行探讨，并对样本的数据变量进行规范化整理。根据问卷调查状况对变量进行分类调整：①性别特征区分为男性和女性两类；②户籍特征将农业户口视为农村户口，将非农户口视为城镇户口；③婚姻特征分为未婚（含离异、丧偶）和已婚；④年龄特征为连续变量；⑤学历特征区分为未上过学、小学、初中、高中 / 中专 /职校、大专、本科及以上 6 种类型；⑥居住时间以 3 年和 7 年为节点划分为 3个区间，分别判断为 3 年以下、3 ~ 7 年、7 年以上；⑦居住类型区分为单位宿舍、寄居亲友家中、合租房、独租房和自购房 5 种。具体数据变量及解释如表6-1 所示。

表 6-1　数据变量及解释

变量类型	变量名称	具体解释
因变量	入户意愿	不愿意入户 =0；愿意入户 =1
解释变量	性别	男性 =0；女性 =1
	户籍	城镇户口 =0；农村户口 =1
	婚姻	未婚（含离婚、丧偶）=0；已婚 =1
	年龄	连续变量
	学历	1= 未上过学；2= 小学；3= 初中；4= 高中 / 中专 / 职校；5= 大专；6= 本科及以上
	在莞时间	3 年以下 =1；3 ~ 7 年 =2；7 年以上 =3
	居住类型	1= 单位宿舍；2= 寄居亲友家中；3= 合租房；4= 独租房；5= 自购房

回归分析结果（见表 6-2）表明，个体因素中性别、婚姻、年龄、在莞时间和居住类型 5 项指标的相关系数均在 0.1% 显著水平上显著，说明这些指标对东莞外来人口户籍迁移市民化有显著影响，而户籍指标和学历指标的回归结果不显著，可能是研究样本受限的原因，不纳入本节影响机制讨论。

表 6-2　Logistic 回归分析结果

因变量		回归系数	OR 值
性别	参照组：男	—	—
	女	−0.201**	0.874
婚姻	参照组：未婚（含离婚、丧偶）	—	—
	已婚	0.146*	1.157

续表

因变量		回归系数	OR 值
户籍	参照组：城镇户口	—	—
	农村户口	−0.083	0.919
年龄	一次项	0.007*	1.007
	二次项	0.000	1.000
学历	参照组：未上过学	—	—
	小学	0.826**	1.293
	初中	0.848**	1.287
	高中 / 中专 / 职校	1.546	1.578
	大专	1.532	1.587
	本科及以上	1.317*	1.433
在莞时间	参照组：3 年以下	—	—
	3 ~ 7 年	0.407**	1.502
	7 年以上	0.550*	1.733
居住类型	参照组：单位宿舍	—	—
	寄居亲友家中	1.584**	4.879
	合租房	0.551*	1.735
	独租房	0.474***	1.606
	自购房	1.288***	3.627
常数项		−0.855***	0.425
样本量		872	
Log likelihood		−114.12128	
Chi-squared		148.06	

注：括号内为 z 值，* 表示 p<0.1，** 表示 p<0.05，*** 表示 p<0.01。

二、回归结果分析

（一）性别因素

表 6-2 回归分析结果显示，与男性相比，女性外来人口户籍迁移的可能性相对较低（OR=0.874），而男性外来人口实现本地市民化的概率会相对较高，与胡陈冲等（2011）的研究结论是相反的。基于国家卫计委流动人口社会融合专题调查数据分析，温馨（2018）发现，性别对外来人口市民化能力有显著影

响。以女性为参照，男性有市民化能力的可能性是女性的 3.027 倍。结合东莞实际，由于东莞产业结构的转型升级，其产业结构特征正在从过去需要大量的女工群体为主的劳动密集型产业，向以男性为主体的资金密集型和技术密集型转变，东莞的产业结构的调整使得产业劳动力的性别需求发生变化，东莞不再是女工的天下。而且，Fan（2007）认为，女性在婚姻上往往具有回乡找配偶的倾向，女性结婚以后再来莞做工的情况减少，而男性会更多选择在外务工，因此实现市民化的可能性相对较高。

分析结果支持前述对东莞产业经济转型的判断，当前东莞外来人口性别结构出现根本性变化，男性劳动力逐渐成为主体。2007 年和 2016 年外来人口数据显示（见图 6-1），东莞外来人口的男女性别比不断升高，由原来的 47.8∶52.2 变成了 2016 年的 53.1∶46.9，男性劳动力逐渐成为外来人口的主体。

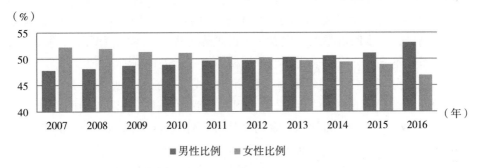

图 6-1　2007～2016 年东莞外来人口男女性别结构变化

资料来源：《东莞统计年鉴》（2008～2017）。

通过对东莞部分传统制造企业的访谈，表明当前东莞外来人口性别结构已经出现了由女多男少向男多女少的结构性转变，有力地印证了回归模型中男性外来人口有更强市民化可能性的判断。

由于劳动密集型产业的集聚和快速发展，1990～2000 年曾经为女工天下的东莞，其外来人口性别结构伴随着东莞市产业结构的调整而转变，男多女少已经成为当前东莞外来人口结构的主要特征。受访企业华茂电子企业负责人在访谈中提到：

"现在员工结构有很大变化，原来工人大多来自湖南、湖北、广西、河南、四川，现在广东、广西、湖南、河南的多，区域范围减小了，省内茂名的比较多。原来是女工多，现在是男工多，现在男女最普遍的是 6∶4。"

受访企业长安镇美泰二厂的人力资源部经理提到：

"（企业）工人年龄偏大，以二十多岁年轻人为主，三四十岁的工人也有一些，现在招工没有办法，年龄都已经扩到45岁了，现在是男工多，原来是女工多，现在工人的男女比例基本是6:4。"

根据东莞近十年来（2006～2016）注销企业情况看，大量劳动密集型产业在东莞进行企业注销，数量达到18599家，注销企业以电子、服装、鞋业、五金、塑胶、玩具等劳动密集型企业为主，而这类劳动密集型企业以女工居多。上述分析结果再次证实男女工比例已经发生了根本性的变化，对外来人口市民化特征产生显著影响。

（二）年龄因素

对于年龄因素的分析结果，一次项相关系数显著为正，二次项相关系数不显著，初步说明外来人口的年龄与市民化呈正相关关系，反映外来人口随着年龄增加市民化程度相应增加。现有研究表明，年龄与市民化可能为先增后减的倒U形曲线，年龄越大越倾向于叶落归根返回农村，老一代农民工有着较重的乡土情结，返乡回流是老一代农民工的最终选择。但本次模型回归的二次项的相关系数不显著，需要采用其他数据样本进一步进行判断。

通过积分入户样本的年龄—人数分布曲线可以看出（见图6-2），年龄—人数分布曲线呈现出先增加后减少的倒U形变化轨迹，随着年龄的增加，积分入户人数不断增加，当到达一定的年龄节点后，呈现出反向的变化趋势。参与积分入户的人口年龄主要分布在18～60岁，曲线的峰值拐点出现在32岁，其中积分入户的样本中，28～40岁年龄段占比为71.39%，28～38岁年龄段占比接近六成（57.31%）。图6-2的分析结果细化了外来人口积分入户行为的年龄特征，研究发现，外来人口积分入户并不完全随着年龄的增长逐步减弱，而是呈现一种先增后减倒U形的变化曲线，28～38岁是外来人口积分入户发生

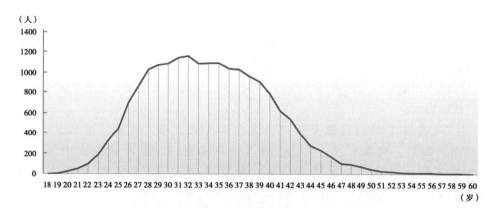

图6-2　东莞积分入户样本的年龄—人数分布曲线

的主要年龄段。

伴随着劳动力年龄结构的不断大龄化，外来人口随着年龄结构变化其工作生活将呈现新的特点，这将极大地影响外来人口市民化行为。2004年以后，我国沿海地区开始出现并逐步蔓延至全国的"民工荒"、农民工工资持续上涨等现象，表明我国刘易斯转折点到来。刘易斯拐点的出现（蔡昉，2010），意味着中国劳动力人口出现负增长，人口年龄结构不再朝着具有生产性的方向变化。东莞同样面临呈现劳动力人口大龄化现象，供给端的劳动力人口总量逐年下降。

东莞市新莞人局外来劳动力年龄分析数据显示（见图6-3~图6-5），东莞市外来劳动力存在着大龄化的趋势。2012年，在莞外来劳动力集中分布在24~40岁，而2017年在莞外来劳动力年龄主要分散在24~45岁。老一代劳动力随着年龄增长，需要照顾孩子和家庭，他们的返乡回流将造成劳动力和熟练产业工人的流失。

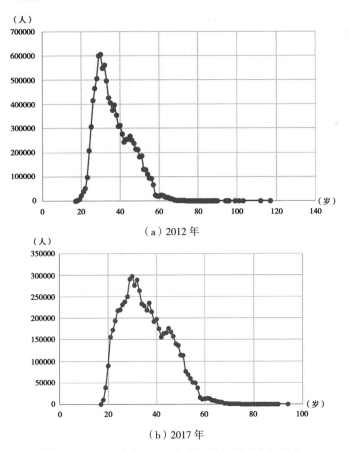

（a）2012年

（b）2017年

图6-3　2012年和2017年东莞市劳动力年龄分布

资料来源：东莞市人力资源局新莞人局外来劳动力数据。

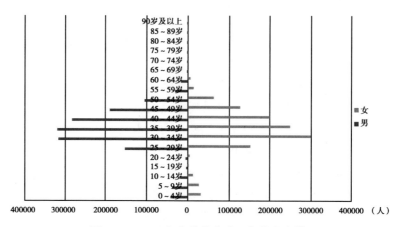

图 6-4　2008 年东莞外来人口年龄金字塔

资料来源：东莞市人力资源局新莞人局外来劳动力数据。

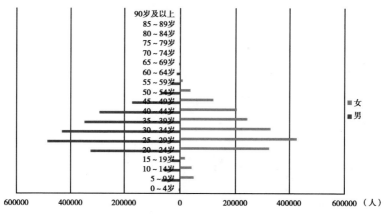

图 6-5　2016 年东莞外来人口年龄金字塔

资料来源：东莞市人力资源局新莞人局外来劳动力数据。

老一代的外来劳动力具有较强的"落叶归根"意愿（蔡禾和王进，2007；李强和龙文进，2009；杨传开等，2017；杨东亮，2018），相较于中青年和新生代外来劳动力在东莞本地市民化的可能性会相对较低，有更高的回流可能性。在部分制造业企业的访谈中，本书也得到外来人口大龄化的证据。

常平某制衣公司老板黄先生表示：

"从创业起留下的员工只有五六个，基本工人每年都在换。工人主要来自广西、江西和湖南。在针纺行业中，工人年龄普遍偏高，女的占 70%，除了烫衣外都有女工，缝盘全是女工。全工厂 130 个人都结婚了，基本上有孩子。孩子大部分留在老家，工作一段时间就回去了。"

随着年龄的增加，员工回流的速度加快，"7 年是一个关键节点。十七八岁出来打工，7 年后就是二十四五岁，该是结婚年龄，他会考虑是继续留在东莞还是回家的问题"。长安镇某商标织绣有限公司 HR 负责人冯女士谈道。

长安镇华茂电子企业负责人表示："现在工人的年龄结构偏大，原来主要是 20 多岁为主，电子企业要求工人年轻、眼睛好，现在工人难招，我们招工年龄都已经扩到 45 岁。"

厚街镇华伟家具企业 HR 负责人表示："家具产业里，40～50 岁的员工很多，'80 后''90 后'年轻人很少，流走的是年轻的员工。"

东莞顺裕纸业有限公司刘经理说："年轻人不愿意来车间工作，嫌工作环境不好，加上车间工作三班倒的特点，年轻人不愿干，现在车间里多是中年人，30～45 岁的员工比例比较大，老员工比较多；员工主要都是外地的，生产一线员工的本地人比较少。"

同时，外来人口年龄变化相应引起抚养比上升。东莞外来人口中老年人口与学龄前儿童增加，2008 年新莞人局外来人口数据显示，外来人口中需抚养人数为 279786 人，抚养比为 0.05；2016 年东莞外来人口数据中需抚养人数为 450939 人，抚养比为 0.07。东莞外来人口需要抚养比呈上升趋势，说明外来人口中携带老人和孩子的比重逐步上升，未来东莞外来人口的公共服务需求特别是随迁子女入学教育需求将大大增加，城市政府在应对人口结构性变化时，在公共服务设施方面将需要有更多的配套。

与此同时，新生代劳动力具有较高流动性，也降低了他们实现本地市民化的可能性。新生代农民工逐渐成为劳动力人口的主要群体，他们在就业选择上"三高一低"（受教育程度高、职业期望值高、物质和精神享受要求高、工作耐受力低）的特征，将影响新生代劳动力市民化的行为。

新生代劳动力更加关注工作生活条件，长安镇某知名品牌手机制造 HR 负责人张先生非常了解劳动力需求的变化，他说："以前看工资待遇，东莞工厂体系的工资待遇差别不大，现在主要看住宿环境、休息时间。制造工厂基本要加班，且加班是常态，现在的工人家里条件都不差，在家里的地位也比较高，从金钱的角度看是不怎么缺钱，对于吃住的要求更高，需要更多的休息时间和兴趣爱好。"

同样表达该观点的还有厚街某电子企业负责人林先生："对员工的培训成本很高，包括素质培训和劳动技能培训，劳动技能培训是必须要做的，素质培训也花了企业很多精力，但跟社会教育水平是脱节的。社会教育水平高了但素质好像并没有提高，如习惯性、团队、纪律等方面的素质。这跟年代也有关系，早期劳动力都很本分、踏实，现在的劳动力很有个性，他们的套路不一样，对管理的挑战很大。"

（三）婚姻因素

回归分析结果表明，婚姻状态能够显著影响东莞外来人口市民化，模型中已婚外来人口对实现市民化存在显著的正相关关系（相关系数为 0.146），而且已婚者相对于未婚者的人口市民化发生比显著地提高了 15.7%（OR=1.157），此结果与已有研究结论一致（王桂新等，2008；刘杰、张红艳和陈政，2018）。对于在莞时间，相对于在莞 3 年以下的外来人口，在莞 7 年以上的市民化发生比最高，其 OR 值高达 1.733，在莞 3～7 年的发生比仅仅是在莞 3 年以下的 1.502 倍。在莞工作和生活的时间越长，在东莞结婚和建立家庭的比例越高，实现人口本地市民化的可能性越强，两项指标共同反映了婚姻因素对外来人口市民化的影响作用。

通过对东莞外来人口的调查和访谈，本书进一步发现，基于婚姻的以家庭为基本单元的迁移行为对外来人口市民化产生深远影响。外来人口从早期的单个人就业转变成夫妻双方甚至家庭的来莞现象，部分外来人口在东莞工作稳定后，会选择将小孩甚至老人一起接到东莞生活，尤其将孩子带到城市，以便接受优质的教育。同时外来人口携带老人的比例要低于携带小孩的比例。调研显示，外来人口中携带小孩的比例约为 22%。虎门制衣企业负责人的观点具有代表性："管理层中好多夫妻、子女甚至老人都来的，一定规模的工厂中甚至占 30%～40% 的。"

随着外来劳动力不断将整个家庭迁入东莞，其对教育、医疗、住房等公共服务设施的需求必然相应增加。许学强（2013）指出，婚姻因素对外来人口市民化可能造成影响，认为大量外来适龄劳动人口既有可能延缓本地产业结构，也加重了提供住房、就学方面的压力。

已婚外来劳动力要考虑子女教育、照顾老人、住房等因素，这在访谈中弥补了统计数据分析的不足。关于子女教育，厚街某鞋业设备的老板林先生说："企业是有一点积分入学的指标，由企业分给符合要求的员工。每年企业会有 10 多个有积分入学的需求，但仅有 1～2 个指标。现在 30 多岁员工中，等小孩子差不多上学的，就会有回老家的欲望。"

长安镇某商标织绣公司冯女士谈到员工流动尤其女工流动的主要原因在于需要照顾家庭。她说：

"根据公司统计，流失的员工多是 40 岁的样子，孩子大了，上学需要带到身边教育，学龄前的时候可能老人照顾好就可以了，大了可能老人就管不住小孩了，他们需要回去。这些都是他们首要考虑的问题。其实不是公司待遇不好了，而是家庭不允许。"

第二节 政策制度因素对市民化
影响机制分析

本书认为，外来人口市民化过程中有身份转变、职业转变、社会保障、公共服务和归属感等相应的转变内容，鉴于户籍制度的原因，外来人口流入城市市民化的通道主要有积分入户和积分入学等途径，地方人口政策、户籍政策及积分制政策和条件准入政策影响着市民化的规模、进程和空间。因此本节主要对该市民化政策的实施现状和效果进行分析及评价，分析政策制度因素对市民化的影响机制。

一、积分制度对市民化影响分析

（一）积分入户政策变迁

制度因素对外来人口市民化的作用从积分入户的数量变化得到体现（见表6-3）。东莞从2010年开始实施积分入户制度，按照积分标准累计最低要求，达到60分就可以积分入户；从2011年开始，东莞调整了积分入户的办法，规定申请入户需要累计分数达到130分或以上，并且提高投资纳税积分值、中高级技能人才积分值、技能竞赛积分等方面的分值。很明显，调整后的积分入户政策实际上是提高了积分入户的门槛，倾向于吸引高技能人才入户，导致2011~2013年参与积分入户数量的大规模下降。

表6-3 东莞市积分入户政策调整变化

年份	主要调整内容
2010	按照"总量控制、统筹兼顾、分区排名、一次轮候"的原则，从激励和惩罚两个方向引导，当累计分数总额达到60分，则纳入入户指标数额内，并依据累计分数的高低顺序对各镇街内进行排队以获取入户资格
2011	限定入户指标数额改为积分满130分即可入户，调整文化程度、职业资格或专业技术职称、工作时间和连续居住时间指标的积分
2012~2013	提高中高级技能人才加分，技能型人才倾向明显；增设企业引导加分项目，给予企业一定自主权；提出镇街等级分类，缓解城区入户压力
2014	入户条件降低，积分满100分即可入户；调整积分标准，倾向于技能型人才；简化在提供计划生育、"两无证明"的审查环境
2015	增加企业自评人才入户，将人才入户自主权下放给企业

随后，2014年和2015年东莞市积分入户的人数有大幅度回升，这两年入户人数增加至4414人和4879人，其主要原因，一方面降低了积分入户的难度，积分入户积分值从130分降低到100分，另一方面增加了对技术工人取得国家认定的职业、技能等指标的加分力度，同时给予企业一定的自主权，增加了企业自评人才入户的政策。

可以看出，通过积分入户政策调整，城市政府将有限的市民化的机会给予那些已经为城市做出贡献的人，筛选出城市发展所需要的人留在本区域，具有明显的选择和导向性。积分入户政策及变动提供了佐证，如2010~2015年东莞积分入户申请审核通过率平均81.7%，也就是说还有部分申请入户的人被"拒之门外"；在条件设置中主要有个人素质、表彰奖励、投资纳税、连续居住和工作时间等类项，其中，文化程度越高，得分值越高，投资纳税额度越高，得分值越高。这种积分条件调整体现了政策对所需劳动力的导向性。2012~2013年调整了积分入户标准，提高了中高级技能人才加分，加大了技能竞赛获奖的分值，可见政策对技能型人才吸引的导向性倾向非常明显。

（二）积分入学政策变迁

与积分入户不同的是，随着东莞积分入学政策的标准逐年下调和放宽，积分入学的申请人数和入学率持续升温。首先，2013年增加了申请积分入学中技师、事业单位工勤技术工岗位二级、中级职称、在莞参保年限、申报居住登记等指标的计分分值。其次，2014年提高了对在莞服务年限、在莞居住时间的计分力度，而2015年进一步取消"申报居住登记""在莞投资"等积分项目内容，积分分值的变化体现了对积分入学标准的放宽（见表6-4）。从积分入学政策调整及相应的入学人数的变化，可以反映出子女能否在本地接受教育特别是优质教育成为外来人口迁移的关键因素，也是新时代东莞促进人口结构优化和实现外来人口市民化的重要环节。

表6-4　东莞市积分入户和积分入学政策分值项目对比

分值项目	积分入户政策	积分入学政策
文化程度	有	有
职业资格、专业技术职称或执业资格	有	有
实际年龄情况	有，2011年取消	无
在莞服务年限	有	有
参加社保年限	有	有
在莞居住时间	有	有
计划生育	有	有

分值项目	积分入户政策	积分入学政策
在莞投资纳税	有	有
在莞参加社会服务	有	有
接受本地教育	无	有
拥有住房	有	有
拥有发明专利、实用新型专利	有	有
职业技能竞赛获得奖项	有	有
扣分项：违反计划生育政策	有	有，2015年取消
扣分项：违法犯罪	有	有

综上，积分入学意味着外来人口以家庭方式迁入城市，是市民化的重要标志。根据前述研究可以发现，外来农业转移人口更多倾向选择积分入学而非积分入户。当研究者们更多关注积分入户和户籍制度时，外来农业转移人口更多选择积分入学，这种现象值得研究和探讨。这种现象和过去30年发生了根本性的变化。外来人口改变了将孩子留在农村成为留守儿童的做法，通过积分入学携带子女进城，让子女享受城市化的成果。

本书认为，子女作为家庭的核心，积分入学是解决外来人口的子女和父母在一起的途径，积分入学能够实现外来人口以家庭方式迁移到城市，因此，积分入学是外来人口在流入地通过获得随迁子女的教育服务而进行市民化的重要特征。因此，积分入学对外来人口的家庭迁移有着重要意义，对推进我国快速城市化地区外来人口的城市化有重要作用。

二、地方人口政策因素对市民化影响分析

外来人口市民化受到国家户籍、土地、人口管治、劳动就业等城市政府管治政策的影响，地方政府人才政策也是重要的影响因素。良好的人才政策环境对人才的吸引至关重要，具有较高吸引力的人才政策和环境，能大大提升外来人口的本地认同度和归属感，有助于实现外来人口的市民化。

相关企业调研也证实了良好人才政策和环境有助于提升外来人口市民化的观点。厚街某鞋业设备企业负责人林先生表示：

"深圳、广州对人才吸引力度很大，东莞要在技能型人才的吸引上发力，加强人才培育，引进人才，政府要营造好的人才环境。减轻企业压力，降低企业税费。进出口税在中国10%以上，越南才3%，在东莞还要管员工吃住。另外，知识产权维护上没有做好，我们有自己的研发专利，也有与意大利的技术

合作，但人才我们还是留不住。"

同时，加强对知识产权的保护有利于人才的稳定，对专利及创新保护和鼓励不足，使得企业研发人才的利益受损，也是造成一个城市高层次人才流动的重要原因之一。东莞机器人技术协会秘书长蒋先生说：

"政府缺的是一种观念，对知识产权的保护能真正保护好研发人才，研发人才工作方向就不会朝山寨发展，而是自主研发；地方真正保护知识产权了，研发人员的利益得到保护，才能稳定地在一个企业和地方长期工作下去。"

另外，城市的外来人口政策和基本公共服务配套对稳定就业起到稳定剂的作用。大量研究表明：东莞外来人口的城市归属感较低，主要原因是社会保障和基本公共服务供给不充分（Lin，2006；彭大鹏，2018；邓春玉和王悦荣，2018）。随迁子女就学问题是影响外来人口尤其是已婚员工就业流动的关键因素。在访谈中，大多企业和员工都反映了这个问题，地方政府只能通过人才指标入学、积分入学或积分入户的办法部分解决外来人口子女的入学问题，政府提供给外来人口子女的学位不足造成外来人口到了一定年龄便回迁，这是影响就业稳定和能否居留在流入地实现市民化的焦点因素。

厚街镇某家具企业 HR 负责人杜先生谈道：

"夫妻都在东莞的以前很多，小孩读书很麻烦，不大的话还需要人来看，异地考试比较麻烦，因为读书的问题可能现在并没有那么多。企业以前还有些指标，现在没有了，只能自己想办法比如积分入学，高管积分都很费劲了，对于传统产业的一线生产员工更难。"

长安镇某制衣企业负责人冯女士谈道：

"留在企业 10 年以上的员工具有一定的稳定性，他对企业有归属感，真正需要留的是来公司一两年的员工，企业已经在他身上倾注很多精力、培训来培养员工，但有些员工一旦学了点东西就跑掉了，所以在企业留了 10 年的是不需要政府留的，政府真正需要留的是那些对长安没有归属感的人。教育、住房、户口都是比较重要的需求，可能教育是第一位的。"

大朗镇某智能制造业企业负责人杨先生说：

"带小孩来的比例并不多，主要还是这边入学比较难。现在共有员工 316 人，26～35 岁的 166 人，35～45 岁的 70 多人。这个年龄都有孩子，孩子只能留在老家上学。因为孩子上学而回家打工的占相当比例"。

长安镇某模具企业负责人兰先生也有相同的感受：

"企业有员工 400～500 人，其中干部 40～50 人，干部基本是稳定的；一线工人 20% 是稳定的，80% 左右是各个厂之间来回找工作。由于考虑子女上学，有一部分迁回内地。因为职工的孩子大多数都在老家读书，只有小部分收入高点的在东莞读私立。"

厚街镇某鞋业工厂负责人王先生也谈道：

"子女入学往年都没有指标，今年评上倍增企业，有1个指标，五年内有2个奖励名额。普通员工积分入学很难，很多员工的孩子都在老家，职能部门员工的孩子在这儿读书只能读私立小学，员工因为孩子上学，返乡的多。还有二十三四岁的女孩子回家相亲结婚，找工作的。"

长安某服装配套企业负责人庄女士谈道：

"外来务工人员子女对学位需求量很大，但指标严重不足，每年仅有1个入学指标，且需要与纳税等挂钩。指标越来越严，首选积分制入学，积分制入户最稳妥，社区部门只是协助。因为每年只有1～2个名额，能轮到自己享受这个指标的很难，因此时间长了大多数人选择读私立学校。每年有几十个人申请，只是抱着试一试的态度。"

然而，新政策推出以后，对外来人口市民化的作用也可能是阻碍的。例如在执行新的《劳动法》后，对外来人口的稳定产生了一定的负面影响。由于政策的宣传力度不够，在加重企业负担的同时，也影响到企业员工流动性。

茶山镇两家企业谈得很实际，外来务工人员认为买社保会降低眼前收入，如果企业强制买社保，会造成员工离职。某纸业公司负责人利先生谈道：

"很多人不愿意买社保，去年开始强制购买，但购买了农保的就没办法买社保。有些普通员工觉得买社保不如直接发钱实际。"

在茶山镇的某食品加工企业负责人陈先生表达了同样的观点：

"不是100%来买的。外地人不愿意买，甚至离职。国家社保全国内的统筹没有做到，跨区域统筹难，各个厂买买断断，大家对买社保的信心是不足的，退休年龄延迟，工人接受负面信息更多。"

长安镇某玩具制造厂甘先生认为社保对外来人口流动的影响很大，同时，也存在社保政策有不完善的地方，全国没有统筹，城市职工养老保险和农村社会养老保险（简称新农保）在全国范围内还没有衔接等原因。"员工不希望买保险，因为四五年前公司买保险，如果离开工厂的时候可以开个证明去社保局提取保险的现金；现在不可以提取钱，所以不愿意买。去年拿出了200个在厂里工作比较久的员工买保险，后来全部都走了，员工不愿意买。社保这个影响很大的。因为可能旁边的小厂不用买，相对可以拿多点工资。以前是走的时候可以取钱，现在不可以。政策说是社保可以跟着工人走，但是事实上很多人反映不能跟着走。还有一个问题，保险需要买满15年才可以享受，如果40多岁才买的话，不能买满15年就没法享受。农保和工厂的保险体系还没有衔接，职保和农保的差异大。"

第三节　空间因素对市民化影响机制分析

一、空间因素对市民化影响的回归分析

本节以东莞市新莞人服务管理局提供的积分入户全样本作为主要数据来源，时间跨度 2010 ~ 2015 年。以 2010 ~ 2015 年东莞 33 个镇街单元城镇为对象，构建以积分入户人数为因变量，以第二产业 GDP、第三产业 GDP、实际利用外资、地方可支配财政收入为自变量的回归模型，并将代表公共服务设施的人均中小学数量和人均卫生机构数量作为控制变量纳入模型中，以探讨空间因素对外来人口市民化的影响。所建立的回归模型如下：

$$\text{lnpop}_{it} = \beta_0 + \beta_1 \text{lnman}_{it} + \beta_2 \text{lnser}_{it} + \beta_3 \text{lnfdi}_{it} + \beta_4 \text{lninc}_{it} + \beta_5 \text{lnsch}_{it} + \beta_6 \text{lnhos}_{it} + \mu_{it}$$

式中，i 表示镇街项，t 表示时间项。pop_{it} 作为核心解释变量表示镇街的积分入户人数。man_{it} 和 ser_{it} 分别代表第二产业和第三产业的国内生产总值（GDP），fdi_{it} 代表实际利用外资，inc_{it} 代表地方可支配财政收入，sch_{it} 代表人均中小学数量，hos_{it} 代表人均卫生机构数量，μ_{it} 为随机扰动项。各变量基本统计信息如表 6-5 所示。

表 6-5　变量基本统计信息

变量	符号	样本量	均值	标准差	最小值	最大值
积分入户人数（对数）	lnpop	198	4.28	0.97	1.94	6.23
第二产业 GDP（对数）	lnmanufacture	198	13.28	0.60	12.03	14.77
第三产业 GDP（对数）	lnservice	198	13.14	0.76	11.20	14.91
地方可支配财政收入（对数）	lnincome	198	11.34	0.58	10.04	12.71
实际利用外资（对数）	lnfdi	198	8.87	1.38	0	11.42
人均中小学数量（对数）	lnschool	198	2.58	0.53	1.09	3.58
人均卫生机构数量（对数）	lnhospital	198	3.98	0.79	0.69	5.24

为更好突出制度变迁与时间变化，本书通过区分 2010 ~ 2013 年（时期Ⅰ）和 2014 ~ 2015 年（时期Ⅱ）的积分入户人口样本，分别进行面板回归分析，Stata 得到的分析结果如表 6-6 所示。

表6-6　逐步回归模型估计结果

	模型（1）pop（时期Ⅰ）	模型（2）pop（时期Ⅱ）	模型（3）pop（时期Ⅰ）	模型（4）pop（时期Ⅱ）	模型（5）pop（时期Ⅰ）	模型（6）pop（时期Ⅱ）	模型（7）pop（时期Ⅰ）	模型（8）pop（时期Ⅱ）
man	-0.255 (-0.90)	0.109 (0.50)	-0.209 (-0.71)	-.098 (-0.48)	-0.247 (-0.82)	-0.164 (-0.77)	-0.478* (-1.66)	-0.314 (-1.37)
ser	0.496** (2.22)	1.126*** (6.61)	0.761*** (2.70)	0.804*** (4.78)	0.786*** (2.85)	0.820*** (4.89)	0.345 (1.23)	0.711*** (3.79)
inc			-0.535** (-1.84)	0.567*** (4.96)	-0.469 (-1.53)	0.551*** (4.70)	-0.305 (-1.05)	0.576*** (5.00)
fdi					0.040 (0.60)	0.048 (0.86)	-0.042 (-0.62)	0.083 (1.38)
sch							1.442*** (3.20)	0.557** (1.91)
hos							0.159* (0.59)	0.186* (1.41)
常数项	1.138 (0.45)	-12.108*** (-5.67)	3.081 (1.16)	-11.585*** (-5.85)	2.155 (0.84)	-11.17*** (-5.56)	6.748 (2.54)	-8.999 (-3.74)
N	132	66	132	66	132	66	132	66
调整后 R^2	0.3268	0.7235	0.2891	0.7473	0.3352	0.7533	0.2965	0.7696

注：括号内为 z 值，* 表示 $p<0.1$，** 表示 $p<0.05$，*** 表示 $p<0.01$。

为进一步探讨教育和医疗公共服务对外来人口市民化的影响，本书运用 2012～2015 年的东莞积分入学全样本进行逐步回归分析，以东莞 33 个镇街单元城镇为对象，选取各城镇的第二产业 GDP、第三产业 GDP、实际利用外资、地方可支配财政收入、拥有卫生机构数、拥有中小学数等社会和经济指标，模型如下：

$$\ln pop_{it} = \beta_0 + \beta_1 \ln sgdp_{it} + \beta_2 \ln tgdp_{it} + \beta_3 \ln fdi_{it} + \beta_4 \ln income_{it} + \beta_5 \ln school_{it} + \beta_6 \ln hospital_{it} + \mu_{it}$$

式中，i 表示镇街项，t 表示时间项。pop_{it} 作为核心解释变量，表示镇街的积分入学人数。$sgdp_{it}$ 和 $tgdp_{it}$ 分别代表第二产业和第三产业的国内生产总值（GDP），fdi_{it} 代表实际利用外资，$income_{it}$ 代表地方可支配财政收入，$school_{it}$ 代表拥有中小学数量，$hospital_{it}$ 代表拥有卫生机构数量，μ_{it} 为随机扰动项。基本统计信息如表 6-7 所示。

表 6-7　积分入学样本变量基本统计信息

变量	符号	样本量	均值	标准差	最小值	最大值
积分入学人数（对数）	lnpop	198	5.70	0.95	0	7.47
第二产业 GDP（对数）	lnsgdp	198	13.36	0.59	12.17	14.77
第三产业 GDP（对数）	lntgdp	198	13.25	0.74	11.46	14.91
地方可支配财政收入（对数）	lnincome	198	11.44	0.57	10.37	12.71
实际利用外资（对数）	lnfdi	198	9.03	1.17	0	11.42
拥有中小学数量（对数）	lnschool	198	2.59	0.53	1.38	3.58
拥有卫生机构数量（对数）	lnhospital	198	3.98	0.77	0.69	5.22

采用逐步回归的方法，模型（1）显示积分入户人数与产业经济结构的关系，模型（2）和模型（3）在模型（1）的基础上，分别加入了地方可支配财政收入和实际利用外资作为控制变量，模型（4）和模型（5）则在模型（3）的基础上，分别加入了拥有中小学数量和拥有卫生机构数量作为控制变量。回归分析统计结果如表 6-8 所示。

表 6-8　逐步回归模型估计结果

变量	模型（1）	模型（2）	模型（3）	模型（4）	模型（5）
lnmanufacture	0.290	−0.092	0.070	−0.066	−0.136
lnservice	1.212***	0.922***	0.488*	0.390	0.403*
lnincome		0.584***	0.439***	0.471***	0.433

续表

变量	模型（1）	模型（2）	模型（3）	模型（4）	模型（5）
lnfdi			0.191***	0.197***	0.182
lnschool				0.199**	1.158**
lnhospital					−0.231
_cons	−14.357***	−12.091***	−8.523***	−6.311	1.005
N	132	132	132	132	132
adj.R2	0.5100	0.5401	0.5627	0.5336	0.5317
F	49.71	64.16	94.76	85.17	108.10

注：括号内为 z 值，* 表示 $p<0.1$，** 表示 $p<0.05$，*** 表示 $p<0.01$。

二、产业经济状况对外来人口市民化的影响

回归分析结果表明，模型（1）和模型（2）分别显示两个时间段积分入户人数与产业经济结构的关系，两个模型中积分入户人数和第三产业经济（ser）呈现显著的正相关（0.812），而与第二产业经济（man）相关性则不显著，反映出当前东莞外来人口入户更倾向于选择服务业经济较强的镇街，而传统加工制造业经济的城镇对于外来人口的吸引力却明显下降。原因在于从事自主经营和商业服务业人员工作性质较为稳定、收入水平相对更高，而制造加工业的务工人员对市场和企业的依赖性更强，工作的稳定性和经济基础较差。模型（3）和模型（4）分别在模型（1）和模型（2）的基础上，加入了变量地方可支配财政收入（inc），结果显示两个模型中第三产业 GDP 变量和地方可支配财政收入变量均为显著，但地方可支配财政收入在模型（3）为负相关而在模型（4）为正相关，反映地方财政状况更好的城镇意味着能提供更优质的公共服务能力，在积分入户政策调整后对高素质的外来人口有更强的吸引力。另外，模型（5）和模型（6）加入了实际利用外资（fdi）作为变量，回归分析结果没有通过显著性检验，由此无法判断外资对于外来人口入户的作用。

（一）金融危机的冲击

金融危机后，外部对中国出口需求的下降，沿海地区以低端、劳动力密集型的产业集群和集聚为主导的发展模式受到挑战（朱晟君和王翀，2018）。经济危机造成了企业订单减少，对劳动力需求减少，是影响外来人口流动和市民化的重要因素。厚街镇某家具企业 HR 负责人杜先生对金融危机对企业用工的影响感受很深，访谈中提到：

"倒闭的企业很多。人越来越少，鼎盛时候 2008 年之前我们企业有 3000

多人，外销差不多500多人，但2008年以后工人减少了很多，外销订单锐减，内销订单也有减少，我们现在总人数稳定在600人左右。"

长安镇某玩具制造企业负责人甘先生见证了金融危机造成产业萎缩、产业人口外流和外来人口市民化的不稳定性，他谈道：

"以前玩具厂在东莞有大大小小超过1000家，现在估计最多100家。以前这里有三家玩具厂，每家员工超过3000人，但现在合并成一个企业，只有1400多人。萎缩的原因部分是玩具市场变小了，还有一些工厂迁移了，迁到印度、马来西亚等地方。"

（二）全球背景下产业重构

全球背景下产业重构对外来人口变换影响较大。随着全球经济一体化的发展及新一轮的产业技术革命，生产要素的跨国及全球自由流动越发凸显，使得全球产业分工格局呈现阶段性的转变。在全球经济一体化的发展背景下，在全球化、去地方化共同作用下（朱晟君和王翀，2018），中国部分地区劳动密集型制造业出现了向东南亚转移的新趋势，这对外来劳动力的就业流动造成一定影响。

"目前周围倒闭的厂很多，主要是因为越南的生产规模大了，越南人均工资1200元，是东莞的1/3。越南的规模比较大，冲击也比较大。"塘厦某鞋业制造企业负责人罗先生感受颇深。

随着国家不断推进"四个统筹"政策，中西部地区发挥人力资源优势，积极招商，部分企业内迁或设置分厂，造成部分外来劳动力回流，加剧了外来人口的流动性。厚街某制鞋业企业负责人林先生谈到其企业分厂的情况时说：

"现在厚街的企业员工总人数600余人，年产值1.5亿～2亿元，2012～2013年，工厂有3000人左右。但因为工厂的部分搬迁，进行了裁员，产量也有所减少。2015年，我在四川南充开设分厂，因为四川有一些优惠政策，工人工资较为便宜，较东莞低1000元左右。"

厚街某制鞋设备企业负责人罗先生作为制鞋设备供应商，比较熟悉制鞋企业的发展情况，他表示：

"厚街大概有2/3的鞋业转走。去年厚街2000万元以上的企业有230家，后来转移到福建、温州、江苏、山东青岛等地作为生产地。"

茶山某食品企业负责人陈先生表示内地有优惠政策，劳动力成本低，他们成功抓住了机遇，他谈道：

"我们抓住金融危机的影响这个机会，去湖北投资，招商有优惠政策，做内销；金融危机是一次行业的重新洗牌，食品行业倒闭的不少，很多小厂、有些大厂都是抵不过的，然后倒闭了。"

（三）新技术的广泛运用

伴随着"机器换人"的广泛应用，危险性高、简单机械重复、污染大的生产环节和岗位将被机器替代，随之而来的是研发设计、信息数据技术等领域将创造更多的就业机会（Lorenz et al.，2015；Manyika et al.，2017），"机器换人"的影响不是简单地削减传统工作岗位数量，而是重塑就业结构。

东莞作为"全球制造工厂"，制造业是东莞的战略性制造产业，在人口红利即将消失、区域竞争加剧、经济进入新常态的背景下，"机器换人"是推动传统制造业转型升级的一项重要举措。"机器换人"是以自动化、现代化的装备提升产业制造水平，力图实现技术红利替代人口红利，使之成为产业优化升级、经济持续增长的内生动力，对经济发展中技术进步、提高企业生产效率、促进产业结构调整等具有重要意义。与此同时，"机器换人"战略的实施对外来人口就业、就业结构调整、企业用工成本等方面会产生一定影响。

新技术削减普通劳动力需求。根据 2014～2016 年东莞"机器换人"应用项目汇总数据（见图 6-6），2014～2016 年，东莞共有 2698 个"机器换人"项目，综合减少用工 25.3 万多人，劳动生产率平均提高 2.5 倍。

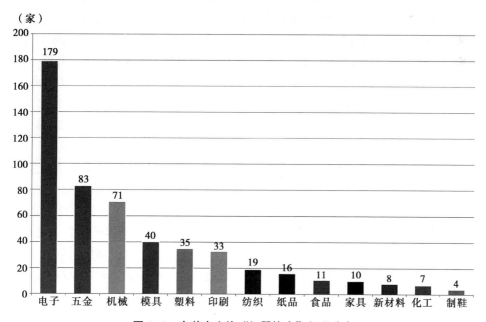

图 6-6　东莞市实施"机器换人"行业分布

资料来源：东莞市经济和信息化局。

机电类制造为实施"机器换人"主要行业。目前东莞采用"机器换人"的企业主要集中于电子、五金、机械、模具等机电类制造企业，而传统的纺织、家具等劳动密集型企业实施机械化生产的比例较低。目前，国内工业机器人主要运用于冲压、焊接、打磨、码垛等潜在危险性高、劳动强度高的环节，而且调研中，纺织和服装类企业认为机器生产代替不了劳动力操作的灵活性，只能尝试部分工序进行机器替换，机器人不能完成所有工序。

"机器换人"带来的机器化生产能有效提高企业的生产效率与质量。2014年已批准的529项企业"机器换人"项目总投资规模达179亿元，减少用工规模超过33000人。部分调研企业数据显示，信易电热机械在实施前后产量增加1935件，劳动生产率从8.15件/人/小时提升至13件/人/小时，产品生产效率和合格率分别提升59%和3%；佑威家具逐步对不同生产环节自动化改造，实现全员劳动生产率提高57%，产品合格率提高7%，单位产品成本下降了13%，预计年节省生产成本150万元；广泽汽车饰品成型部改造后生产效率从33.94 PCS/人/时上升到38.30 PCS/人/时，良品率从99.37%上升到99.88%，实现了减员、增效、提质、保安全的生产目标。

同时，自动化设备大大减轻了企业对劳动力的依赖。面对转移劳动力数量减少导致的"用工荒""用工贵"现象，"机器换人"能有效解决制造行业中由于人口红利消失导致的劳动力供应不足问题。例如，胜美达电机引入自动绕线机和自动电焊机等机器替代传统手工绕线和手工电焊环节，实现节约用工780人，平均每台机器可以替代8个人的工作量；骅国电子投入290多万元资金更新设备，节约了30多名产业工人，并通过"相对减员"的方式扩大了企业生产规模；顺发针织的全自动电脑针织横机能替代7台手工半自动机器的产量，引入24台全自动针织横机节省120名产业工人，按照工人平均工资3500元/月来计算，预计回本周期不到一年。

调研的7家企业不约而同地反映，受外部订单波动、人力成本剧增、劳动力供给量减少等市场因素影响，企业在东莞市"机器换人"政策出台前已经购置机械设备投入生产中，如大朗镇早在2010年已经大规模采用数控织机进行毛纺织的生产；佑威家具在得知政府政策之前已经启动"机器换人"，从2013年开始已经每年投入300万元进行基础设备更换。而且，"机器换人"政策的实施对企业的机械化生产有巨大的促进和刺激作用，受访企业对补贴政策表现出积极态度，胜美达机电负责人表示：

"机器换人对企业是一种鼓励，政策出台以后又加大对机器的投入比例，补贴奖励的10%资金会继续投入进去以加大规模，今年将继续申请'机器换人'补贴。"

骈国电子负责人的观点相似：

"原来只是部分环节使用机器生产，现在（政策出台后）配置更先进更智能的设备，政策补贴对企业后期设备改造有很大的帮助，未来还会在机器换人领域投入。"

值得关注的是，产业工人被替换加剧了东莞外来人口流失。通过调查访谈，被机器替换下来的工人出路一般存在三个方向：一是通过转换工作岗位、转向服务业等方式再就业；二是随企业厂区搬迁实现工作地点的转换；三是由于低技能、老龄化导致失业而回流。当产业结构调整导致劳动力需求变化与劳动力人口供给结构变化造成供需不匹配时，可能进一步加剧东莞城镇的产业空心化与人口流失，影响东莞的城镇化进程和城市吸引力。以胜美达机电为例，仅有约30%的工人通过企业自行培训调到其他操作岗位中，而近70%的工人处于自然流失状态；如顺发针织有限公司已经将劳动密集的生产环节转移到江西的分厂，通过提高工资待遇，将原来生产线上近80%的工人调配到江西分公司上班，部分则跳槽到其他工厂。

通过对部分企业员工结构分析，"机器换人"后人口中龄化、家庭化和男性化的趋势明显。以信易电热机械为例，其员工年龄结构集中在28～42岁，已婚工人和男性工人达79%和74%。随着以"90后"为主体的第二代劳动力成为主力，制造业中新生代劳动力参与度将影响东莞外来人口的本地市民化进程。

三、公共服务设施对外来人口市民化的影响

（一）学校和医院公共服务

在表6-6回归分析结果中，本书模型（7）和模型（8）分别在模型（5）和模型（6）的基础上，加入了城镇人均中小学数量（sch）和城镇人均卫生机构数量（hos）两个控制变量，结果显示，两组模型中城镇人均中小学数量分别通过了0.1%和0.5%的显著性检验，回归系数分别为1.442和0.557，而城镇人均卫生机构数量均通过了1%的显著性检验，回归系数分别为0.159和0.186。由此表明，迁入地的教育公共服务和医疗服务对于外来人口积分入户有显著的促进作用，而相对于医疗公共服务而言，教育公共服务的显著程度更高，更为外来人口所关注，支持外来人口子女能否接受本地入学是选择是否积分入户的重要条件的判断。

回归分析结果（见表6-8）中，模型（1）显示积分入户人数与产业经济结构的关系，模型通过了0.1%的显著性检验，模型的决定系数 R^2 为0.5100，F统计量为49.71，积分入户人数和第三产业经济呈现显著的正相关（1.212），而与第二产业经济不存在显著相关关系，反映出经济新常态下东莞外来人口积

分入学更倾向于选择服务业经济较强的镇街，而传统加工制造业经济的城镇对于外来人口家庭迁移的吸引力却明显下降。

模型（2）和模型（3）在模型（1）的基础上，分别加入了地方可支配财政收入（lnincome）和实际利用外资（lnfdi）作为控制变量，结果显示两个模型中第三产业 GDP 变量仍然显著，而且地方可支配财政收入和实际利用外资的回归系统通过 0.1% 的显著性检验，说明这两项指标对积分入学人数是正向作用的。需要特别关注的是，模型（4）和模型（5）则在模型（3）的基础上，分别加入了拥有中小学数量（lnschool）和拥有卫生机构数量（lnhospital）作为控制变量，结果显示拥有中小学数量在模型（4）和模型（5）中也均通过 1% 的显著性检验，拥有中小学数量（lnschool）指标分别与积分入学人数为显著的正相关（0.898），而与拥有卫生机构数量（lnhospital）没有通过显著检验。研究表明，其子女能否接受东莞本地教育公共服务是外来人口市民化的最重要影响因素，而迁入地的医疗设施情况并非主要考虑的条件，也支撑张翼对农民工愿意入户的主要原因是"为了孩子的教育与升学"的判断（张翼，2011）。

从空间分布看，东莞外来人口积分入户和外来人口规模具有一定的相似性，但在不同时间段积分入户人数分布有显著的空间差异。2010 年，积分入户政策刚出台时，外来人口积分入户与外来人口数量在空间分布上是趋同的，主要集中在东南部厚街镇、虎门镇和长安镇等全国影响力的制造业重镇以及中心城区的南城街道，而位于西北部的洪梅镇、道滘镇、麻涌镇、中堂镇、望牛墩镇与位于东北部的桥头镇、企石镇、谢岗镇是外来人口和积分入户人数均较少的城镇。由此可见，外来人口入户与迁入地的经济水平具有相关性，城市中心和制造业重镇这些经济水平较高的城镇对外来人口入户具有强大的吸引力，人口集聚能力正在不断增强。

然而，2015 年的外来人口和积分入户却表现出明显的空间分异，厚街镇、虎门镇、长安镇依然是东莞外来人口最集中的城镇，但积分入户人数较多的城镇则出现在东城街道和塘厦镇，两者在空间分布上的差异，证实了空间因素对于外来人口积分入户的重要性，除受传统的社会经济状况影响外，积分入户人数也与迁入地的公共服务设施（如学校、医院等）的空间容量相关。

（二）居住公共服务

从表 6-2 的回归分析结果可以判断，流入地的居住条件也是影响外来人口市民化的重要因素。以单位宿舍为参考，无论是寄居亲友家中、合租房，还是独租房、自购房，其 OR 值均高于参照组的单位宿舍，其中"寄居亲友家中"（OR=4.879）高于"自购房"（OR=3.627），以及"独租房"（OR=1.606）和

"合租房"（OR=1.735），说明在单位宿舍居住并不能够满足东莞外来人口的居住需求，在外租房甚至拥有自购房是其居住需求的优先选择。

另外，在所有积分入户样本中，选择"拥有个人房产"的外来人口比例高达 62.18%，选择在本地购房也往往意味着家庭式的迁移，很好地说明购买个人房产是外来人口入户的关键性因素。王玉君（2013）的研究也有相似观点，参与正式住房市场和与本地人更多地互动，不仅直接对城市定居意愿产生正向影响，而且积极影响城市归属感从而间接提升其城市定居意愿，以家庭为主要单元的迁移行为对中国城市化进程影响更为深远。

关于住房问题，虎门某制衣公司老板林先生说：

"回家了不回来了，孩子大了需要照顾，老人老了需要照顾。内地就业机会也很多了；如果大人已经在这边，还是两边倒的情况，现在的房价这么贵，一般的人很难买上房，没有相关的保障房和经济适用房等提供。内地在保障房和经济适用房方面做得好很多，对东莞打击很大。"

长安某玩具制造企业负责人甘先生也谈到了住房问题对员工流动的影响："主要是房子问题，太贵了，东莞和长安没有经济适用房等，买不起房子，更别说有家的感觉了。所以员工来来走走，流失率很高。"

本章小结

通过定量回归模型与实地调查访谈相结合的方法，运用外来人口问卷调查、外来人口积分入户样本以及企业调查的数据和材料，本书发现外来人口的个体因素（性别、年龄和婚姻）、政策因素（积分制政策和地方人口政策），以及空间因素（产业经济状况与公共服务条件）对东莞外来人口市民化有显著的作用，这些因素共同影响着外来人口市民化行为与特征。

本书发现：在个体因素中，男性外来人口比女性外来人口有较强的在本地进行市民化的可能性，已婚者相对于未婚者的市民化概率会更高，而且年龄与市民化关系表现为先增后减的倒 U 形曲线，28～38 岁是外来人口市民化的主要年龄阶段。在制度因素中，外来人口积分政策调整对外来人口积分入学入户的数量变化影响明显，同时，良好人才政策环境、优质基本公共服务有助于提高东莞外来人口的城市归属感，提升外来人口市民化的可能性。在空间因素中，以经营和商业服务为主的服务业经济城镇比制造加工业经济城镇对外来人口有更强的吸引力，财政状况较好的城镇因为能够提供相对较好的基础公共服务而有较强吸引力。

　　值得关注的是，本书运用地理空间分析方法，分析了学校、医疗和住房等公共服务设施对外来人口市民化的影响机制。研究表明，东莞各镇街在不同时间段的积分人数所表现的空间分布差异，不仅反映迁入地的空间因素对外来人口市民化的作用，而且凸显了地理空间上公共服务差异对市民化的影响；外来人口随迁子女能否接受东莞本地教育公共服务是外来人口市民化的最重要影响因素。

第七章

基于公共服务的东莞外来人口市民化对策

推进外来人口市民化是一个系统的渐进过程，城市政府要掌握外来人口市民化的需求及规模变化；优化外来人口市民化通道，打破市民化的制度障碍；完善市民化成本分摊机制，逐步推进外来人口市民化，实现城市经济社会与产业高质量发展、全面提高城镇化发展质量的目标。基于前述分析可知，城市中住房保障、医疗卫生服务、义务教育服务等公共服务是影响外来人口市民化的重要因素，本章有针对性地提出促进外来人口市民化的对策建议。

一、以身份证号码为唯一标识，完善人口信息平台

政府无法准确掌握外来人口的流动情况及公共服务需求状况。外来人口统计信息口径不一，部门数据差异较大。以 2013 年数据为例，东莞新莞人系统中登记在莞的新莞人为 4163329 人，东莞计生系统数据为 4446468 人，而社保系统登记的社会养老保险人口数为 4251476 人。就社保系统登记人口信息而言，覆盖面相对较大且采集数据稳定，东莞社会基本保障基本覆盖了户籍城乡居民、外来稳定就业人口、随迁子女（在学校办医保或有居民医保）和老人，但对个体经营业户或灵活就业者情况无法准确把握。

本书建议以身份证号码为唯一识别码，整合人力资源和社会保障局、公安局、民政局等相关部门的信息系统，建立信息完善、共建共享共用的人口信息系统平台，掌握具体完善、动态的人口信息有利于社会管理和公共服务的针对性提供。以身份证号码为唯一标识码，形成完整的常住人口信息库；整合公安、社保、计生、房管、信用、民政、工商、税务等相关部门信息采集系统，建立以公安系统人口管理部门为核心的人口基础信息库，分类完善劳动就业、社保、教育、房产、信用、卫生计生、投资经营等相关信息采集、登记工作，模块化采集，通过系统整合完善人口信息采集。

加强部门之间、地区之间人口信息的共享共用，打破部门、区域分割的人

口信息统计现状，实现常住人口信息无缝衔接提供，实现信息共享，有利于节约政府管理成本，为外来人口基本公共服务的提供和社会治理提供信息保障。

二、优化市民化通道，打破市民化制度障碍

加强外来人口市民化的顶层制度设计，积极推进户籍、就业、社保、住房保障等重点领域和关键环节改革，拓宽外来人口市民化的通道，打破市民化制度障碍，营造外来人口市民化的良好制度环境。

积极推进二元体制下户籍制度附加的影响公共服务供给的制度障碍。在迁移入户过程中，不以退出外来人口在原籍的土地承包经营权、宅基地使用权、集体收益分配权作为前置条件，在城乡二元制度差异消除前保留外来人口在农村的福利权益；建立城乡统一的就业制度和城乡一体的就业市场，为城乡劳动者提供平等的就业机会和服务；完善城乡一体的就业、失业登记制度，在职业介绍、政策咨询、技能培训、创业扶持等方面提供均等化服务；完善基本社会保障，实现社会保险转接，坚持社会共济原则和大数法则，建立面向常住人口的社会基本保障，扩大养老、医疗、失业、工伤、生育等社会保险覆盖面；建立养老、医疗、失业等社会保险基金的跨统筹区转移衔接机制，加强跨省市医疗费用结算、工伤及劳动能力鉴定等工作，确保社会保险在地区之间的便利转接使用；积极推进住房保障制度，建立面向城市常住人口的廉租房、公租房等基本住房保障制度，确保外来人口在城市中"住得下、留得下"。

三、完善市民化成本分摊机制，逐步推进外来人口市民化

在快速城镇化地区，城市政府在现有分税制财政体制政策及地方政府财政压力约束下，在面对庞大的外来人口规模和公共服务需求激增的情况下，需要从中央和省级层面完善市民化成本分摊机制；根据地方政府财政支出能力，以居住年限为依据，逐步推进市民化意愿强、稳定就业、长期居留的外来人口的市民化。

现阶段，国家层面尚未建立起外来人口市民化的成本分担体系，特别是"三挂钩"（城镇建设用地增加规模同吸纳农业转移人口落户数量挂钩、财政转移支付同农业转移人口市民化挂钩、财政性建设资金对城市基础设施补贴数额与城市吸纳农业转移人口落户数量挂钩）的具体政策尚未出台，外来人口市民化成本分担机制上需要国家层面支持。从推动外来人口市民化的角度来考虑外来人口市民化的成本分担体制问题，就是要在分税制体制下做到财权与事权能够尽可能匹配一致，减轻外来人口市民化过程中地方财政的压力，改变当前外来人口市民化成本主要由地方财政负担的状况，提高中央财政专项转移支付用

于市民化成本的比重。

根据前述研究，随着外来人口在东莞工作生活居留时间的增加，外来人口的结构特征和行为特征有明显差异，居住时间越长的外来人口，其大龄化、已婚化、高学历化的特征越明显，同时在行为上呈现出带眷比例高、夫妻同在莞比例高、收入高、工作稳定等特点。根据东莞外来人口现状的分析，在市民化推进过程中，应优先考虑在莞工作和生活时间较长、家庭整体迁移、在城镇稳定就业和生活的外来人口的市民化；省内外来人口、周边邻近省市的外来人口市民化意愿强，在市民化过程中应予以优先考虑；优先考虑存量，根据城市政府的财政能力有序推进增量的市民化。通过逐步扩大基本公共服务覆盖面，稳步推进城市基本公共服务常住人口全覆盖。

四、基于教育、居住和医疗等公共服务供需的对策建议

（一）基于教育服务的市民化对策

随迁子女教育服务需求是外来人口市民化过程中最重要的公共服务需求之一，随迁子女在居留地接受教育是城市外来人口家庭迁移的重要特征，也是外来人口市民化的重要特征，构建相对公平的教育公共服务体系对城市外来人口能够融入城市至关重要。

首先，通过外来人口随迁子女有效信息登记和管理，科学预测外来人口随迁子女教育需求规模。现阶段，由于外来人口流动性大，对外来人口随迁子女受教育需求的掌握不清，难以及时对教育设施和教育服务做出适应调整。对于不满十六周岁的外来人口随迁子女，应依照常住人口管理模式，按照国家规定申领居住证，从而实现对随迁子女群体进行信息化管理，有助于及时全面地掌握人口流动现状和随迁子女教育需求。

其次，建立"固定 + 弹性"的教育资源供给体系。由于外来人口普遍存在着高流动性的特点，如果过多规划教育设施可能会造成资源浪费，过少规划教育设施有可能导致供需矛盾过大，难以留住外来人口。因此，建立固定数量的教育资源和具有一定弹性的教育资源供给体系可以有效避免资源浪费。政府可以以民办公助或政府购买学位的弹性供给方式扩充义务教育阶段教育服务的供给。

最后，东莞通过市场化的手段，引导社会资源进入教育服务领域，弥补政府对基本公共服务供给的不足。东莞由于快速城镇化，教育服务供给满足不了庞大的外来人口的教育需求，通过鼓励创办私立学校来解决城市外来人口随迁子女的教育需求，通过民办公助或政府购买学位的方式，适度缓解外来人口子女教育的需求。同时，强化民办教育质量监管，合理制定民办教育准入标准与

管理规范，严格控制学校师生比，提升办学质量，使得私立学校吸引部分外来人口子女入学，解决部分外来人口随迁子女的教育需求。

（二）基于住房保障服务的市民化对策

为确保城市外来人口能融入城市公共服务体系，在城市能"有活干、有学上、有房住、有保障"，通过公共服务的获得和享用实现外来人口市民化。在居住方面，要营造良好社区居住环境，增加对劳动力吸引力，让外来人口能留得下，有房住，住得好。为满足外来人口市民化的居住需求，城市政府应注意以下几个方面：

首先，改善出租屋居住环境和质量。结合城市更新和城市片区改造，政府和村集体多方共同努力，通过对出租屋集中片区进行整片改造。在改造过程中，注意考虑到年轻化群体和家庭群体的不同需求，完善配套生活、娱乐、商业休闲设施和居住环境；同时，改善居住质量也要充分考虑治安、卫生、交通等方面的配套。

其次，结合产业园进行公共租赁房配置，创新方式提供多功能保障房。公共租赁住房作为住房补贴的一部分，在市域分布不均衡。在各镇产业园区布置公共租赁住房不失为一种合理的选择。根据每个产业园区的规模，按照一定的比例配置公共租赁住房，能有效解决由于公租房的布局造成职住分离而交通不便的问题。

同时，以政府为主导，企业和村集体共同参与，将出租屋进行改造作为保障房进行出租，提升保障房的居住环境，既保护了本地居民出租房屋获取收益的利益，同时能以更好的居住环境吸引外来人口在本地市民化。

（三）基于公共医疗卫生服务的市民化对策

东莞现行医疗保险体制具有医保群体范围覆盖广泛、医保定点分布合理、医保待遇标准合理以及外来务工子女纳入医保范围等特点，医疗保险体制构建方面已经取得一定的成效。然而，面对外来人口流动性强的特点，为进一步提高外来人口市民化的水平，城市政府在医疗卫生服务方面仍需强化。

第一，进一步促进公共卫生服务均等化。根据"同城同待"目标，积极扩大公共卫生服务人群覆盖面，实现户籍人口与外来人口公共医疗卫生服务项目均等，待遇均等，在重大疾病和慢性疾病的报销诊疗服务上根据居住年限提供相应保障和服务。

第二，强化灵活就业群体、流动性强群体和参保意识不强群体的参保意识的转变和参保的监管，确保医保参保比例的全覆盖。

第三，完善多层次城乡医疗卫生服务体系。统筹全市医疗卫生机构建设，提升基层医疗设施的质量和能力，构建分工合理的多层次医疗卫生服务体系，提升不同层次医疗政策的执行深度，更好地解决不同群体的不同看病需求，例如提供家庭医生供家庭选择等措施。

第四，努力推进医疗信息化建设，提供医保接转便利。借助互联网＋平台、大数据、云计算等现代信息化的便利，依托社保数据及就医信息数据库，构建互联互通、资源共享的医疗平台，在医保"农村合作医疗"和"职工医保"上有效衔接，在医保跨省市衔接方面实现无缝衔接。

本章小结

推进外来人口市民化对于实现城市经济社会与产业高质量发展、全面提高城镇化发展质量的目标具有重要意义。城市政府要掌握外来人口市民化的需求及规模变化；优化市民化通道，打破市民化的制度障碍；完善市民化成本分摊机制，逐步推进外来人口市民化；解决外来人口对教育、居住、医疗卫生等基本公共服务需求有利于推进外来人口城市化的进程，有利于提高外来人口市民化程度，使外来人口共享城市发展成果。

本书提出以身份证号码为唯一标识，整合相关部门人口统计信息系统，建立信息完善、共建共享共用的人口信息系统平台，使得地方政府能够准确掌握外来人口的流动情况及公共服务需求状况，为外来人口的基本公共服务和社会治理提供信息保障。同时，加强外来人口市民化的顶层制度设计，积极推进户籍、就业、社保、住房保障等重点领域和关键环节改革，拓宽外来人口市民化的通道，打破市民化制度障碍，营造外来人口市民化的良好制度环境。另外，从中央和省级层面完善市民化成本分摊机制；根据地方政府财政支出能力，以居住年限为依据，逐步推进市民化意愿强、稳定就业、长期居留的外来人口的市民化。

针对外来人口教育、居住和医疗公共服务等需求，提出了比较具体的对策建议。首先，通过建立"弹性＋固定"的教育资源供给体系、引导社会资源进入教育服务领域扩大教育服务供给能够有效缓解教育需求与供给不足的矛盾。其次，提出改善社区出租屋居住环境、合理布置公共租赁住房、出租屋转型保障房等对策建议，以改善外来人口的居住条件与环境。最后，进一步完善多层次城乡医疗卫生服务体系、提供医保接转便利等。

第八章
结论与讨论

一、主要结论

（一）快速城镇化过程中面临城市公共服务供给与外来人口公共服务需求不同步的问题，外来人口市民化的关键是实现公共服务供给和需求的空间匹配

在中国快速城镇化背景下，城市政府的公共服务供给不能满足大量外来人口的公共服务需求，导致外来人口不能均等地享受城市提供的公共服务，因此外来人口市民化滞后于快速城镇化。同时，当前城市的公共服务供给受到以转移支付为主的公共财政体制、以户籍人口为依据的公共服务规划等制约，造成城市公共服务不能满足外来人口公共服务的需求，形成时空上的不匹配。因此，外来人口市民化的关键是实现公共服务的供给和需求在城市的空间匹配。

（二）金融危机以来，东莞外来人口的规模波动、结构转变及空间分布变化等引起外来人口公共服务需求变化，深刻影响着公共服务设施在城市空间中的布局和配置

研究发现，当前东莞外来人口增长速度放缓，外来人口结构呈现男性比例增加、学历层次提高、在工业中就业比重降低、普工占比逐年下降等特征；外来人口的行为特征表现为抚养比上升、携眷比例增加、家庭迁移成为趋势等特征，外来人口结构与行为变化引起外来人口对公共服务的需求变化。外来人口在空间分布上呈现"北减少—南增长"的空间格局，显著影响着公共服务设施在东莞镇街层面的合理配置。

（三）外来人口的结构与行为随着在莞居留时间的推移有明显变化，市民化可能性相对较高，家庭式迁移有助于外来人口本地市民化

随着外来人口在东莞工作生活居留时间的增加，外来人口结构和行为特征有明显差异，外来人口市民化的可能性得到提升，居住时间越长的外来人口，其大龄化、已婚化、高学历化的特征越明显，在行为上呈现出带眷比例高、夫妻同在莞比例高、收入高、工作稳定等特征，以携带子女外出为特征的家庭式迁移成为外来人口市民化进程中的一个重要特征。

（四）积分入户和积分入学是外来人口市民化的两种主要途径，迁入地的受教育条件对于外来人口市民化有显著的促进作用，实现外来人口随迁子女的本地入学是推动市民化进程的重要环节

市民化实质上是外来人口在城市中获取公共服务的过程，积分入户和积分入学是实现市民化的两种重要途径，但两者在空间分布上具有显著差异。虽然外来人口可通过积分入户的方式获得城市户籍实现市民化，但更多的外来人口倾向选择积分入学而非积分入户使随迁子女获得本地教育公共服务，积分入户和积分入学在空间上的差异主要源于城市公共服务特别是学校在空间分布的不均衡。迁入地的受教育条件对于外来人口积分入学有显著的促进作用，也是推动外来人口市民化的重要环节。

（五）外来人口市民化受到个体因素、政策制度因素以及空间因素的共同作用，教育、居住和医疗三种公共服务设施对外来人口市民化有显著影响

研究表明，个体因素、政策制度、空间因素共同影响着东莞外来人口市民化。外来人口积分入户政策调整对外来人口入户的数量变化影响明显；良好政策环境、优质公共服务有助于提高东莞外来人口的城市归属感；服务业经济城镇、财政状况较好的城镇有较大吸引力；教育、居住和医疗等供给差异对外来人口市民化产生重要影响。

二、主要创新点

（一）构建基于公共服务视角的市民化分析框架

本书尝试基于公共服务视角，强调从地理学的空间入手，构建了快速城镇化地区外来人口市民化分析框架。分析框架中突出了城市空间中住房、学校和医院三项公共服务设施载体的作用，认为教育、居住、医疗等公共服务供需匹配是外来人口市民化的关键。在实证研究中，按照这一分析框架对外来人口时空特征、外来人口市民化途径、外来人口市民化影响机制等进行研究。本书重点研究了外来人口对具有明显的地理空间特性的学校、住房和医院三项公共服务的需求及在市民化过程中的作用；通过分析积分入户和积分入学两种市民化途径，探讨公共服务的地理空间差异对市民化的影响机制，认为教育、居住和医疗等公共服务实现供给与需求的空间匹配是完成市民化的关键。

（二）深化了个体因素对外来人口市民化影响的研究

在已有研究的基础上，本书通过获取东莞市社保局、人力资源局提供的外来人口全样本数据库，通过分析年龄、性别、学历等人口结构特征与外来人口市民化的关系，深化了现有研究的个体影响因素特征。在前人研究的基础上，研究发现：外来人口市民化随年龄增加呈现先增后减的倒 U 形的曲线，

28～38 岁是市民化的主要年龄阶段；男性、高学历、连续居住和拥有住房是实现市民化的外来人口的重要特征；对市民化个体影响因素的研究，尤其在年龄因素研究上，发现东莞外来人口市民化的主要年龄阶段为 28～38 岁，呈现倒 U 形的变化特征。

（三）深化了基于公共服务的市民化途径分析

在外来人口市民化的过程中，积分入户和积分入学是外来人口为获取城市公共服务并实现市民化的重要行为与途径。通过对积分入户和积分入学两种不同市民化途径的对比分析，研究发现，积分入户是基于城乡二元户籍制度下外来人口实现市民化的标志，积分入学是基于公共服务实现市民化的一项重要特征；外来人口可以通过积分入户的方式获得流入城市的户籍，获取和户籍居民同样的权益、基本福利和社会保障，从而逐渐融入城市，逐渐完成市民化；而积分入学通过获取流入城市的教育公共服务而解决了外来人口的子女和父母在一起的途径，实现以家庭方式迁移到城市，对外来人口的家庭迁移有着重要意义；外来人口倾向选择积分入学而非积分入户使随迁子女获得本地教育公共服务，积分入户和积分入学在空间上的差异主要源于城市公共服务特别是学校在空间分布上的不均衡。

三、不足之处及研究展望

（一）进一步加强与社会学、人口学等领域市民化研究的融合

与社会学、人口学等领域的研究不同，本书侧重于从地理学的研究角度，运用地理空间的分析方法，关注学校、医疗和住房等作为公共服务的空间载体，探讨东莞外来人口在市民化过程中的特征与需求。在后续研究中，需加强与社会学、人口学等学科对于外来人口市民化的融合，关注外来人口市民化过程中户籍身份转换、赋权与增权及社会融入，以更全面和更深刻理解外来人口市民化这一重要的研究命题。

（二）进一步关注其他公共服务对市民化过程的影响

本书立足于地理学的地理空间角度，从公共服务的视角研究快速城镇化地区外来人口市民化。本书在研究中重点关注教育、居住和医疗这三项具有明显的地理空间特性的公共服务，并纳入空间因素来解释外来人口市民化所表现的空间差异机制。在现实中，外来人口市民化涉及的公共服务还包括就业、交通、社会保障等方面的内容，这些方面的内容有待后续研究补充完善。

（三）进一步深化外来人口市民化的影响机制分析

在外来人口市民化影响机制的分析中，本书重点探讨了个体因素、政策制度因素以及空间因素对东莞外来人口市民化的影响，将公共服务纳入空间因

素，解释外来人口市民化在空间上所表现的差异。相关研究表明，影响外来人口市民化的因素还包括家庭成员状况、迁出地社会经济状况、非正式的制度和政策连续性以及文化风俗等，而这些因素难以通过定量方法进行测度和量化，没有纳入本次机制研究的回归模型中，后续需要结合质性研究等方法，进一步深化外来人口市民化的影响机制分析。

参考文献

[1] Adams R H, Page J.Poverty, inequality and growth in selected Middle East and North Africa countries, 1980-2000 [J] .World Development, 2003, 31 (12): 2027-2048.

[2] Ahituv A, Kimhi A.Off-farm work and capital accumulation decisions of farmers over the life-cycle: The role of heterogeneity and state dependence [J] . Journal of Development Economics, 2002, 68 (2): 329-353.

[3] Alexander S, Rutherford J. The "Transition Town" Movement as a Model for Urban Transformation [M] .Urban Sustainability Transitions, 2018: 173-189.

[4] Amin A. An institutionalist perspective on regional economic development [J] . International Journal of Urban and Regional Research, 1999, 23 (2): 365-378.

[5] Amin A, Thrift N. Living in the global, in globalization, institutions, and regional development in Europe [M] .Oxford: Oxford University Press, 1994.

[6] Armstrong H, Taylor J. Regional economics and policy [J] . Blackwell, 2000 (3): 7-14.

[7] Auto D H, Dorn D, Hanson G H, et al. The China Syndrome: Local Labor Market Effects of Import Competition in the United States [J] .The American Economic Review, 2013, 103 (6): 2121-2168.

[8] Bale J, Drakakis S D. Population Movements and the Third World [M] .London: Routledge, 1993.

[9] Basker E. Education, Job Search and Migration [J] .Labor & Demography, 2003 (3): 37.

[10] Barras R. Technical change and the urban development cycle [J] .Urban Studies, 1987, 24 (1): 5-30.

[11] Barro R J, SalaiMartin X. Economic growth [M] .New York: McGraw-Hill, 1995.

[12] Berry B, Gillard Q. The changing shape of metropolitan America: Commuting patterns, urban fields, and decentralization processes, 1960-1970 [M] . Ballinger Publishing Company, 1977.

［13］Borchert J R. American metropolitan evolution［J］.Geographical Review，1967
（1）：301-332.

［14］Borts G H，Stein J L.Economic growth in a free market［M］.New York：Columbia
University Press，1964.

［15］Boudeville J R. Problems of regional economic planning［M］.Edinburgh University
Press，1968.

［16］Chan K W，Hu Y. Urbanization in China in the 1990s：New definition，different
series，and revised trends［J］.China Review，2003（1）：49-71.

［17］Jong D E，Gordon F.Expectations，gender，and norms in migration decision-
making［J］.Population Studies，2000，54（3）：307-319.

［18］Dowding K. Explaining urban regimes［J］.International Journal of Urban and
Regional Research，2001，25（1）：7-19.

［19］Enright M J，Scott E，Chang K.Regional powerhouse：The greater Pearl River
Delta and the rise of China［M］.Chichester：Wiley，2005.

［20］Fan C C. China on the Move：Migration，the State，and the Household［M］.
Routledge，2007.

［21］Fan C C.Interprovincial Migration，Population Redistribution，and Regional
Development in China：1990 and 2000 Census Comparisons［J］.Professional
Geographer，2005，57（2）：295-311.

［22］Fan C C. Modeling interprovincial migration in China，1985-2000［J］.Eurasian
Geography and Economics，2005，46（3）：165-184.

［23］Fang dao Q，Na J，He Y，et al. Spatio-temporal Difference of Influencing Factors
and Strength of Urban Space Response to the Transition of Industrial Structure in
Xuzhou Metropolitan Area［J］.Scientia Geographica Sinica，2017，36（10）：
1459-1467.

［24］Friedmann J. Regional development policy：A case study of Venezuela［M］.
Cambridge，MA：MIT Press，1966.

［25］Friedmann J，Sullivan F. The absorption of labor in the urban economy：The
case of developing countries［M］.School of Architecture and Urban Planning，
University of California，Los Angeles，1972.

［26］Farrell K. An Inquiry into the Nature and Causes of Nigeria's Rapid Urban Transition
［J］.Urban Forum，2018，29（3）：277-298.

［27］Gao J，Feng Y，Chen W. Economic transition and restructuring of manufacturing
spaces in urban China：The evidence from Nanjing［J］.Geographical Research，

2017，36（6）：1014–1028.

［28］Gibbs D，Jonas.Governance and regulation in local environmental policy：The utility of a regime approach［J］.Geoforum，2000，31（3）：299–313.

［29］Goldstein. Permanent and temporary migration differentials in China［M］. Honolulu：East–West Population Institute，1991.

［30］Goldscheider C.Migration and social structure：Analytic issues and comparative perspectives in developing nations［C］//Sociological Forum.Kluwer Academic Publishers，1987，2（4）：674–696.

［31］Grossman G M，Helpman E. Trade，knowledge spillovers，and growth［J］. European Economic Review，1991，35（2–3）：517–526.

［32］Henry N，Pinch S. Neo–Marshallian nodes，institutional thickness，and Britain's "motor sport valley"：Thick or thin?［J］.Environment and Planning A，2001，33（7）：1169–1183.

［33］Hirschman O.The strategy of economic growth［M］.Yale：New Haven，1958.

［34］Hugo G J. Changing patterns and processes of population mobility［C］// Jones G.W and Hull T.H（eds），Indonesia Assessment：Population and Human Resource［J］. Singapore：Institute of Southeast Asian Studies，1997（1）：68–100.

［35］Jessop B.The rise of governance and the risks of failure：The case of economic development［J］.International Social Science Journal，1998，50（155）：29–45.

［36］Johnston R，Gregory D，Smith D M. 人文地理学词典［M］.北京：商务印书馆，2004.

［37］Kaldor N.The case for regional policies［J］.Scottish Journal of Political Economy，1970，17（3）：337–348.

［38］Lee E S. A theory of migration［J］.Demography，1966，3（1）：47–57.

［39］Lesthaeghe，Lisa Neidert. The Second Demographic Transition in the United States：Exception or Textbook Example? Population and Development Review［J］. Demography，2006（4）：669–698.

［40］Lewis W A. Economic development with unlimited supplies of labour［J］.The Manchester School，1954，22（2）：139–191.

［41］Liang Zai，Ma Zhongdong. China's floating population：New evidence from the 2000 census［J］.Population and Development Review，2004，30（3）：467–478.

［42］Lin G C S.Peri–urbanism in globalizing China：A study of new urbanism in Dongguan［J］.Eurasia Geography and Economics，2006，47（1）：28–53.

［43］Lorenz, Suterriederer S, Kesselring J, et al. Effects of Mobility-Enhancing Nursing Intervention in Patients with MS and Stroke: Randomised Controlled Trial ［J］.International Scholarly Research Notices, 2015（1）: 1-6.

［44］Lucas R A.Minetown, Milltown, Railtown: Life in Canadian Communities of Single Industry ［M］.Toronto: University of Toronto Press, 1971.

［45］Logan.Urban China in transition ［M］.John Wiley & Sons, 2011.

［46］Martin R.The new "geographical turn" in economics: Some critical reflections ［J］. Journal of Economics, 1999, 23（1）: 65-91.

［47］Martin R, Sunley P. Slow convergence? The new endogenous growth theory and regional development ［J］.Economic Geography, 1998, 74（3）: 201-227.

［48］Massey D S. Social structure, household strategies, and the cumulative causation of migration ［J］. Population Index, 1990, 56（1）: 3-26.

［49］Manyika, Susan Lund, Michael Chui, et al.Jobs Lost, Jobs Gained: Workforce Transitions in a Time of Automation.San Francisco ［M］. California: Mckinsey Global Institute, 2017.

［50］Mossberger K, Stoker G. The evolution of urban regime theory: The challenge of conceptualization ［J］.Urban Affairs Review, 2001, 36（6）: 810-835.

［51］Monkkonen P, Comandon A, Zhu J. Economic segregation in transition China: Evidence from the 20 largest cities ［J］.Urban Geography, 2016（1）: 1-23.

［52］Myrdal G, Sitohang P. Economic theory and under-developed regions ［J］. Routledge, 1957（1）: 7-14.

［53］Nevens F, Frantzeskaki N, Gorissen L, et al. Urban Transition Labs: Co-creating transformative action for sustainable cities ［J］.Journal of Cleaner Production, 2013（50）: 111-122.

［54］Ohlin B.International and interregional trade ［M］.Harvard Economic Studies, Cambridge, MA, 1933.

［55］O'sullivan A.Urban economics ［M］.McGraw-Hill/Irwin, 2007.

［56］Ortiz V. Migration and marriage among Puerto Rican women ［J］.International Migration Review, 1996（1）: 460-484.

［57］Pacione. Urban geography: A global perspective ［M］.Routledge, 2009.

［58］Perroux F.Economic space: Theory and applications ［J］.The Quarterly Journal of Economics, 1950, 64（1）: 89-104.

［59］Pike, Andy, Andrés Rodríguez-Pose, and John Tomaney, et al.Handbook of local and regional development ［J］.Routledge, 2010（1）: 7-14.

［60］Pons P，Latapy M.Computing communities in large networks using random walks ［J］．Journal of Graph Algorithms and Applications，2006，10（2）：191–218.

［61］Puga D.Urbanization patterns：European versus less developed countries ［J］．Journal of Regional Science，1998，38（2）：231–252.

［62］Qin ran Y，Min Z.Interpreting gentrification in Chengdu in the post–socialist transition of China：A sociocultural perspective ［J］.Geoforum，2018（93）：120–132.

［63］Raco M.Business associations and the politics of urban renewal：The case of the Lower Don Valley，Sheffield ［J］.Urban Studies，1997，34（3）：383–402.

［64］Ravenstein E G.The laws of migration ［J］.Journal of the Royal Statistical Society，1889，52（2）：241–305.

［65］Ricardo D. On foreign trade ［J］.Principles of Political Economy and Taxation，1817（1）：7–14.

［66］Romer P M.Increasing returns and long–run growth ［J］.Journal of Political Economy，1986，94（5）：1002–1037.

［67］Romer P M. Endogenous technological change ［J］.Journal of Political Economy，1990，98（5，Part2）：S71–S102.

［68］Shivant，J.Urban Transition Politics：How struggles for sustainability are making urban spaces ［M］.California：Mckinsey Global Institute，2016.

［69］Stark O，Taylor J E，Yitzhaki S. Remittances and inequality ［J］.The Economic Journal，1986（96）：722–740.

［70］Stark O，Taylor J E.Migration incentives，migration types：The role of relative deprivation ［J］.The Economic Journal，1991（1）：1163–1178.

［71］Solow R M. A contribution to the theory of economic growth ［J］.The Quarterly Journal of Economics，1956，70（1）：65–94.

［72］Swyngedouw E，Baeten G. Scaling the city：The political economy of "glocal" development–Brussels'conundrum ［J］.European Planning Studies，2001，9（7）：827–849.

［73］Todaro M P. Internal migration in developing countries ［M］.International Labour Office，1976.

［74］Toma Sobotka. The Diverse Faces of the Second Demographic Transition in Europe ［J］.Demographic Research，2008（8）：171–224.

［75］Van de Kaa D. The Second Demographic Transition Revisited：Theories and Expectations Late Fertility and Other Current Issues ［M］.Lisse：Swets &

Zeitingler，1994.

［76］Van de Kaa. Europe's Second Demographic ransition［M］.Population Reference Bureau：Washington，1987.

［77］Williamson J G. Regional inequality and the process of national development：A description of the patterns［J］.Economic Development and Cultural Change，1965，13（4）：1–84.

［78］Winkelmann R. Seemingly unrelated negative binomial regression［J］. Oxford Bulletin of Economics and Statistics，2000，62（4）：553–560.

［79］Woon Y. Circulatory mobility in post–Mao China：Temporary migrants in Kaiping county，Pearl River Delta region［J］.International Migration Review，1993（1）：578–604.

［80］Yongchun Y，Meina S，Kunbo S，et al.The Spatial Differentiation of Urban Transition in China with the Model of Gradual Institutional Changes［J］.Scientia Geographica Sinica，2016，36（10）：1466–1473.

［81］Young H P. The evolution of conventions［J］.Econometrica：Journal of the Econometric Society，1993（1）：57–84.

［82］Yu D，Tian C，Shenghe L. Progress and prospects of urban regeneration research［J］. Progress in Geography，2017，36（5）：540–548.

［83］Zhang K，Honglin Song. Shunfeng：Rural–urban Migration and Urbanization in China：Evidence from Time–series and Cross–section Analyses［J］.China Economic Review，2003（14）：386–400.

［84］Friedmann，李泳.规划全球城市：内生式发展模式［J］.城市规划汇刊，2004（4）：3–7+95.

［85］安虎森，皮亚彬.半城市化与人口城市化研究［J］.经济与管理评论，2013（3）：5–10.

［86］安体富，任强.公共服务均等化：理论、问题与对策［J］.财贸经济，2009（2）：48–53.

［87］常修泽.中国现阶段基本公共服务均等化研究［J］.中共天津市委党校学报，2007，9（2）：34–35.

［88］蔡昉.刘易斯转折点——中国经济发展新阶段［M］.北京：社会科学文献出版社，2008.

［89］蔡昉.人口转变、人口红利与刘易斯转折点［J］.经济研究，2010（4）：4–13.

［90］蔡昉，王德文.作为市场化的人口流动——第五次全国人口普查数据分析［J］.中国人口科学，2003（5）：15–23.

［91］蔡昉.城市化与农民工的贡献——后危机时期中国经济增长潜力的思考［J］.中国人口科学，2010（1）：2-10+111.

［92］蔡禾，王进."农民工"永久迁移意愿研究［J］.社会学研究，2007（6）：86-113+243.

［93］陈贝贝，余泽忠.半城市化地区的识别方法及其驱动机制研究进展［J］.地理科学进展，2012，31（2）：210-220.

［94］陈丰.从"虚城市化"到市民化：农民工城市化的现实路径［J］.社会科学，2007（2）：110-120.

［95］陈浩，郭力."双转移"趋势与城镇化模式转型［J］.城市问题，2012（2）：71-75.

［96］陈广桂.房价、农民市民化成本和我国的城市化［J］.中国农村经济，2004（3）：43-47.

［97］丁金宏，刘振宇，程丹明.中国人口迁徙的区域差异与流场特征［J］.地理学报，2005，60（1）：106-114.

［98］邓春玉，王悦荣.提升基本公共服务质量研究——以东莞市为例［J］.广东行政学院学报，2018，30（3）：82-90.

［99］邓晓艳.农民工市民化程度测算方法研究［J］.市场周刊，2019（2）：133-135.

［100］杜志威，李郇.基于人口变化的东莞城镇增长与收缩特征和机制研究［J］.地理科学，2018，38（11）：1837-1846.

［101］杜志威，李郇.珠三角快速城镇化地区发展的增长与收缩新现象［J］.地理学报，2017，72（10）：1800-1811.

［102］董昕.住房支付能力与农业转移人口的持久性迁移意愿［J］.中国人口科学，2015（6）：91-99+128.

［103］段成荣，马学阳.当前我国新生代农民工的"新"状况［J］.人口与经济，2011（4）：16-22.

［104］范燕宁.当前中国社会转型问题研究综述［J］.哲学动态，1997（1）：19-22.

［105］冯长春，李天娇，曹广忠，沈昊婧.家庭式迁移的流动人口住房状况［J］.地理研究，2017，36（4）：633-646.

［106］冯俏彬.构建农民工市民化成本的合理分担机制［J］.中国财政，2013(13)：63-64.

［107］国家人口和计划生育委员会流动人口服务管理司.中国流动人口发展报告2012［M］.北京：中国人口出版社，2010.

［108］国务院发展研究中心课题组，侯云春，韩俊，等 . 农民工市民化进程的总体态势与战略取向［J］. 改革，2011（5）：5-29.

［109］何一鸣，罗必良，高少慧 . 农业转移人口的市民化：基于制度供求视角的实证分析［J］. 经济评论，2014（5）：38-48.

［110］韩俊 . 农民工市民化与公共服务制度创新［J］. 行政管理改革，2012（11）：19-24.

［111］侯百镇 . 城市转型：周期、战略与模式［J］. 城市规划学刊，2005（5）：5-15+20.

［112］胡陈冲，林李月，朱宇 . 不同户口类型流动人口城市生存状态的差异［J］. 南京人口管理干部学院学报，2011，27（1）：17-20+25.

［113］胡翠，许召元 . 人口老龄化对储蓄率影响的实证研究——来自中国家庭的数据［J］. 经济学（季刊），2014（3）：1345-1364.

［114］侯红娅，杨晶，李子奈 . 中国农村劳动力迁移意愿实证分析［J］. 经济问题，2004（7）：52-54.

［115］洪小良 . 城市农民工的家庭迁移行为及影响因素研究——以北京市为例［J］. 中国人口科学，2007（6）：42-50+96.

［116］黄祖辉，顾益康，徐加 . 农村工业化、城市化和农民市民化［J］. 经济研究，1989（3）：61-63+60.

［117］黄朝永，甄峰 . 外资流动的动力学研究——以广东省为例［J］. 人文地理，2000（4）：5-9.

［118］黄锟 . 农村土地制度对新生代农民工市民化的影响与制度创新［J］. 农业现代化研究，2011，32（2）：196-199+229.

［119］黄锟 . 城乡二元制度对农民工市民化影响的实证分析［J］. 中国人口·资源与环境，2011，21（3）：76-81.

［120］黄勇 . 农民工市民化进程中公共服务供给的财政约束与制度推进［D］. 中国海洋大学博士学位论文，2013.

［121］黄勇，周世锋，张旭亮，王琳 . 浙江农业转移人口市民化的现状和意愿调查［J］. 浙江社会科学，2014（11）：139-146+160.

［122］黄靖，王先文 . 东莞小城镇外来人口居住空间隔离与整合问题研究［J］. 华中建筑，2004，22（3）：90-92.

［123］郭炎，项振海，袁奇峰，等 . 半城市化地区存量更新的演化特征、困境及策略——基于佛山南海区"三旧"改造实践［J］. 现代城市研究，2018（9）：107-114.

［124］顾朝林，于涛方，李王鸣 . 中国城市化：格局·过程·机理［M］. 北京：科

学出版社，2008.

[125] 郭占恒.城市化发展进入新常态的基本特征和主要问题——新常态下城市转型发展路径研究之一［J］.浙江经济，2016（8）：14–17.

[126] 胡桂兰，邓朝晖，蒋雪清.农民工市民化成本效益分析［J］.农业经济问题，2013（5）：83–87.

[127] 江海燕，周春山，高军波.西方城市公共服务空间分布的公平性研究进展［J］.城市规划，2011，35（7）：72–77.

[128] 李超，罗润东.老龄化、预防动机与家庭储蓄率——对中国第二次人口红利的实证研究［J］.人口与经济，2018（2）：104–113.

[129] 李玲.人口迁移对90年代珠江三角洲人口发展的影响［J］.经济地理，2002，22（5）：544–549.

[130] 李梦楠.新型城镇化研究综述［J］.经营管理者，2017（24）：12–13.

[131] 李楠.农村外出劳动力留城与返乡意愿影响因素分析［J］.中国人口科学，2010（6）：102–108+112.

[132] 李强，龙文进.农民工留城与返乡意愿的影响因素分析［J］.中国农村经济，2009（2）：46–54+66.

[133] 黎智辉，黄瑛."半城市化"与"市民化"——新型城镇化背景下的城市正式移民问题研究［J］.规划师，2013（4）：32–36.

[134] 黎夏，叶嘉安.利用主成分分析改善土地利用变化的遥感监测精度——以珠江三角洲城市用地扩张为例［J］.遥感学报，1997（4）：282–289.

[135] 李志刚，刘晔，陈宏胜.中国城市新移民的"乡缘社区"：特征、机制与空间性——以广州"湖北村"为例［J］.地理研究，2011，30（10）：1910–1920.

[136] 李郇.港澳直接投资企业在广东的发展与影响［J］.广东经济，2000（6）：35–37.

[137] 李郇.珠江三角洲农村城市化动因分析//陈广汉，周运源，叶嘉安，薛凤旋.提升大珠江三角洲国际竞争力研究［M］.广州：中山大学出版社，2003.

[138] 李郇.珠三角社会转型背景下的新型城市化路径选择［J］.规划师，2012（7）：22–27.

[139] 李郇.中国城市化的福利转向：迈向生产与福利的平衡［J］.城市与区域规划研究，2012（2）：24–49.

[140] 李郇，杜志威，李先锋.珠江三角洲城镇收缩的空间分布与机制［J］.现代城市研究，2015（9）：36–43.

[141] 李郇，徐现祥.城市化，区域一体化与经济增长［M］.北京：科学出版社，2011.

［142］李扬，刘慧，汤青.1985–2010 年中国省际人口迁徙时空格局特征［J］.地理研究，2015，34（6）：1135–1148.

［143］林李月，朱宇.中国城市流动人口户籍迁移意愿的空间格局及影响因素——基于 2012 年全国流动人口动态监测调查数据［J］.地理学报，2016，71（10）：1696–1709.

［144］林树森.城市增长与城市发展［J］.城市规划，2011（11）：11–18.

［145］刘传江.中国农民工市民化研究［J］.理论月刊，2006（10）：5–12.

［146］刘传江.第二代农民工及其市民化研究［J］.中国人口·资源与环境，2007，95（1）：6–10.

［147］刘传江.双重"户籍墙"对农民工市民化的影响［J］.经济学家，2009(10)：66–72.

［148］刘杰，张红艳，陈政.新生代农民工市民化程度的测度及其影响因素——基于人力资本与社会资本耦合的视角［J］.长沙大学学报，2018，32（4）：48–50.

［149］刘涛，曹广忠.大都市区外来人口居住地选择的区域差异与尺度效应——基于北京市村级数据的实证分析［J］.管理世界，2015（1）：30–40.

［150］刘保奎，冯长春，申兵.北京外来农民工居住迁移特征研究［J］.城市发展研究，2012，19（5）：72–76+87.

［151］刘军.城市农民工市民化问题研究［D］.武汉科技大学博士学位论文，2006.

［152］刘涛，齐元静，曹广忠.中国流动人口空间格局演变机制及城镇化效应——基于 2000 年和 2010 年人口普查分县数据的分析［J］.地理学报，2015，70（4）：567–581.

［153］刘爽，卫银霞，任慧.从一次人口转变到二次人口转变——现代人口转变及其启示［J］.人口研究，2012，36（1）：15–24.

［154］刘锐，曹广忠.中国农业转移人口市民化的空间特征与影响因素［J］.地理科学进展，2014，33（6）：748–755.

［155］刘晏伶，冯健.中国人口迁移特征及其影响因素——基于第六次人口普查数据的分析［J］.人文地理，2014，29（2）：129–137.

［156］刘于琪，刘晔，李志刚.居民归属感、邻里交往和社区参与的机制分析——以广州市城中村改造为例［J］.城市规划，2017，41（9）：38–47.

［157］卢向虎，王永刚.中国"乡—城"人口迁移规模的测算与分析（1979–2003）［J］.西北人口，2006（1）：14–16.

［158］陆学艺，李培林.论小康社会［J］.农业经济问题，1992（2）：2–6.

［159］罗震东.中国转型期的都市区治理结构与空间发展 // 中国城市规划学会.规划 50 年——2006 中国城市规划年会论文集（上册）［C］.中国城市规划学会，2006.

［160］吕拉昌，魏也华.新经济地理学中的制度转向与区域发展［J］.经济地理，2005（4）：437–441.

［161］吕炜，王伟同.政府服务性支出缘何不足？——基于服务性支出体制性障碍的研究［J］.经济社会体制比较，2010（1）：12–23.

［162］宁越敏，杨传开.中国推进新型城镇化的背景与发展战略思考［J］.中国城市研究，2013（1）：14–26.

［163］宁越敏，杨传开.新型城镇化背景下城市外来人口的社会融合［J］.地理研究，2019，38（1）：23–32.

［164］马学广，王爱民.珠三角转型社区物业依赖型经济的特征及其调控路径［J］.经济地理，2011，31（5）：773–780.

［165］诺克斯，迈克卡西.城市化［M］.顾朝林等译.北京：科学出版社，2009.

［166］欧阳南江，陈明辉，裴志武.东莞市城市空间格局发展演变及"十二五"空间整合对策研究［J］.建设科技，2014（3）：152.

［167］派克等.地方和区域发展［M］.上海：上海人民出版社，2011.

［168］彭大鹏.增强归属感知，提升治理绩效［N］.东莞日报，2018–11–26（A08）.

［169］蒲英霞，韩洪凌，葛莹，孔繁花.中国省际人口迁移的多边效应机制分析［J］.地理学报，2016，71（2）：205–216.

［170］戚伟，刘盛和.中国城市流动人口位序规模分布研究［J］.地理研究，2015，34（10）：1981–1993.

［171］秦小珍，杜志威.金融危机背景下农村城镇化地区收缩及规划应对——以东莞市长安镇上沙村为例［J］.规划师，2017（1）：33–38.

［172］任远."逐步沉淀"与"居留决定居留"——上海市外来人口居留模式分析［J］.中国人口科学，2006（3）：67–72+96.

［173］单卓然，黄亚平.试论中国新型城镇化建设：战略调整、行动策略、绩效评估［J］.规划师，2013，29（4）：10–14.

［174］谢建社，张华初.农民工市民化公共服务成本测算及其分担机制——基于广东省 G 市的经验分析［J］.湖南农业大学学报（社会科学版），2015（4）：66–74.

［175］森川洋，柴彦威.日本城市体系的结构特征及其改良［J］.国际城市规划，2007（1）：5–11.

［176］申兵.我国农民工市民化的内涵、难点及对策［J］.中国软科学，2011（2）：

1–7+15.

[177] 沈建法，冯志强，黄钧尧.珠江三角洲的双轨城市化［J］.城市规划，2006
（3）：39–44.

[178] 盛亦男.中国流动人口家庭化迁居［J］.人口研究，2013，37（4）：66–79.

[179] 舒元等.广东发展模式：广东经济发展30年［M］.广州：广东人民出版社，
2008.

[180] 王春兰，杨上广.中国区域发展与人口再分布新态势［J］.地域研究与开发，
2014，33（1）：158–163.

[181] 王桂新，胡健.城市农民工社会保障与市民化意愿［J］.人口学刊，2015，
37（6）：45–55.

[182] 王桂新，陈冠春，魏星.城市农民工市民化意愿影响因素考察——以上海
市为例［J］.人口与发展，2010，16（2）：2–11.

[183] 王桂新，潘泽瀚，陆燕秋.中国省际人口迁移区域模式变化及其影响因
素——基于2000和2010年人口普查资料的分析［J］.中国人口科学，2012
（5）：2–13+111.

[184] 王桂新，沈建法，刘建波.中国城市农民工市民化研究——以上海为例
［J］.人口与发展，2008（1）：3–23.

[185] 王桂新，干一慧.中国的人口老龄化与区域经济增长［J］.中国人口科学，
2017（3）：32–44+128–129.

[186] 王海龙.新型城镇化背景下流动人口市民化过程研究［J］.商业经济研究，
2015（2）：41–43.

[187] 王缉慈等.创新的空间：企业集群与区域发展［M］.北京：北京大学出版
社，2001.

[188] 王缉慈，林涛.我国外向型制造业集群发展和研究的新视角［J］.北京大学
学报（自然科学版），2007（6）：839–846.

[189] 王华，彭华.城市化进程中郊区农民迁移意愿模型——对广州的实证研究
［J］.地理科学，2009，29（1）：50–55.

[190] 王宏伟，袁中金，侯爱敏.城市增长理论述评与启示［J］.国外城市规划，
2003（3）：36–39.

[191] 王宁.中国人口迁徙的变化趋势及空间格局［J］.城市与环境研究，2016
（1）：81–97.

[192] 王阳，李爽，张本波.第四次工业革命对就业的挑战与建议［J］.经济纵横，
2015（11）：64–71.

[193] 王晓峰，温馨.劳动权益对农民工市民化意愿的影响——基于全国流动人

口动态监测 8 城市融合数据的分析［J］.人口学刊，2017，39（1）：38-49.

［194］王玉君.农民工城市定居意愿研究——基于十二个城市问卷调查的实证分析［J］.人口研究，2013，37（4）：19-32.

［195］魏后凯，苏红键.中国农业转移人口市民化进程研究［J］.中国人口学，2013（5）：21-29+126.

［196］魏立华，闫小培.社会经济转型期中国城市社会空间研究述评［J］.城市规划学刊，2005（5）：16-20.

［197］文军.农民市民化：从农民到市民的角色转型［J］.华东师范大学学报（哲学社会科学版），2004（3）：55-61+123.

［198］吴业苗.城郊农民市民化的困境与应对：一个公共服务视角的研究［J］.中国农村观察，2012（3）：71-77+86.

［199］吴业苗.城乡公共服务一体化的逻辑起点及制度建设原则［J］.华东经济管理，2011，25（8）：95-98.

［200］伍装.两种价值判断与改革目标选择——论新马克思经济学综合创新学派和新自由主义经济学派［J］.经济经纬，2005（1）：18-20.

［201］吴先华.城镇化、市民化与城乡收入差距关系的实证研究——基于山东省时间序列数据及面板数据的实证分析［J］.地理科学，2011，31（1）：68-73.

［202］夏怡然.农民工定居地选择意愿及其影响因素分析——基于温州的调查［J］.中国农村经济，2010（3）：35-44.

［203］相征，赵鑫.城镇化视角下的我国农民工市民化路径探讨［J］.求是学刊，2013，40（5）：56-61.

［204］熊波，石人炳.农民工定居城市意愿影响因素——基于武汉市的实证分析［J］.南方人口，2007（2）：52-57.

［205］许学强，周一星，宁越敏.城市地理学［M］.北京：高等教育出版社，2009：46-47.

［206］许学强，胡华颖.对外开放加速珠江三角洲市镇发展［J］.地理学报，1988（3）：201-212.

［207］许学强，李郇.珠江三角洲城镇化研究三十年［J］.人文地理，2009，24（1）：1-6.

［208］许学强，李郇.改革开放 30 年珠江三角洲城镇化的回顾与展望［J］.经济地理，2009，29（1）：13-18.

［209］许学强，李立勋.大珠三角城市进程回顾与总结［M］.北京：中国城市出版社，2006.

[210] 薛凤旋，杨春.外资：发展中国家城市化的新动力——珠江三角洲个案研究[J].地理学报，1997（3）：3-16.

[211] 阎小培，刘筱.珠江三角洲乡村城市化的形成机制与调控措施[J].热带地理，1998（1）：7-11.

[212] 杨风.从人口城市化到农民市民化的演变研究[J].创新，2013，7（1）：78-82+127.

[213] 杨菊华.城乡差分与内外之别：流动人口社会保障研究[J].人口研究，2011，35（5）：8-25.

[214] 杨传开，刘晔，徐伟，宁越敏.中国农民进城定居的意愿与影响因素——基于CGSS2010的分析[J].地理研究，2017，36（12）：2369-2382.

[215] 杨云彦，陈金永.中国人口省际迁徙的资料与测算[J].中国人口科学，1993，13（2）：37-41.

[216] 杨沫.农业转移人口市民化研究：现实困境、福利效应以及路径选择[J].北京：中国社会科学出版社，2017.

[217] 于海燕.新居民公共服务供给机制研究[D].吉林大学博士学位论文，2016.

[218] 袁媛，许学强.广州市外来人口居住隔离及影响因素研究[J].人文地理，2008（5）：61-66.

[219] 殷江滨，李郇.中国人口流动与城镇化进程的回顾与展望[J].城市问题，2012（12）：23-29.

[220] 原新，王海宁，陈媛媛.大城市外来人口迁移行为影响因素分析[J].人口学刊，2011（1）：59-66.

[221] 张斐.新生代农民工市民化现状及影响因素分析[J].人口研究，2011，35（6）：100-109.

[222] 张国胜.中国农业转移人口市民化：社会成本视角的研究[M].北京：人民出版社，2008.

[223] 张国胜.基于社会成本考虑的农民工市民化：一个转轨中发展大国的视角与政策选择[J].中国软科学，2009（4）：56-69.

[224] 张京祥，吴缚龙，马润潮.体制转型与中国城市空间重构——建立一种空间演化的制度分析框架[J].城市规划，2008（6）：55-60.

[225] 张京祥，殷洁，何建颐.近年来中国城市密集地区规划的困境与发展趋势[J].规划师，2007（12）：5-8.

[226] 张京祥，殷洁，何建颐.近年来中国城市密集地区规划的困境与发展趋势[J].规划师，2007（12）：5-8.

［227］张善余.我国省际人口迁徙模式的重大变化［J］.人口研究，1990，14（1）：2-8.

［228］张荣天，焦华富.中国新型城镇化研究综述与展望［J］.世界地理研究，2016，25（1）：59-66.

［229］张展新，王一杰.农民工市民化取向：放松城镇落户还是推进公共服务均等化［J］.郑州大学学报（哲学社会科学版），2014，47（6）：78-81.

［230］张展新，杨思思.流动人口研究中的概念、数据及议题综述［J］.中国人口科学，2013（6）：102-112+128.

［231］张翼.农民工"进城落户"意愿与中国近期城镇化道路的选择［J］.中国人口科学，2011（2）：14-26+111.

［232］赵艳枝.外来人口的居留意愿与合理流动——以北京市顺义区外来人口为例［J］.南京人口管理干部学院学报，2006（4）：17-19+53.

［233］郑杭生.农民市民化：当代中国社会学的重要研究主题［J］.甘肃社会科学，2005（4）：4-8.

［234］郑杭生.改革开放三十年：社会发展理论和社会转型理论［J］.中国社会科学，2009（2）：10-19+204.

［235］钟水映，李魁.农民工"半市民化"与"后市民化"衔接机制研究［J］.中国农业大学学报（社会科学版），2007（3）：64-70.

［236］郑奋明.珠江三角洲新型城市化研究——城市社会极化与新型城市化路径选择［C］.中国科学院中国现代化研究中心，2013.

［237］赵立新.城市农民工市民化问题研究［J］.人口学刊，2006（4）：40-45.

［238］赵梓渝，魏冶，庞瑞秋，等.基于人口省际流动的中国城市网络转变中心性与控制力研究——兼论递归理论用于城市网络研究的条件性［J］.地理学报，2017，72（6）：1032-1048.

［239］曾红颖.我国基本公共服务均等化标准体系及转移支付效果评价［J］.经济研究，2012，47（6）：20-32+45.

［240］周毕芬.城市公共服务对农民工市民化的影响分析［J］.福建农林大学学报（哲学社会科学版），2013，16（5）：33-37.

［241］周大鸣.珠江三角洲外来劳动人口研究［J］.社会学研究，1992（5）：71-79.

［242］周春山，代丹丹.珠江三角洲城镇化转型研究［J］.热带地理，2015（3）：343-353.

［243］周春山，金万富，史晨怡.新时期珠江三角洲城市群发展战略的思考［J］.地理科学进展，2015（3）：302-312.

［244］周皓.中国人口迁移的家庭化趋势及影响因素分析［J］.人口研究，2004
（6）：60-69.

［245］周建华，周倩.高房价背景下农民工留城定居意愿及其政策含义［J］.经济
体制改革，2014（1）：77-81.

［246］周小刚，陈东有.中国人口城市化的理论阐释与政策选择：农民工市民化
［J］.江西社会科学，2009（12）：142-148.

［247］朱兰，张毅.收入阶段转变与人口老龄化加速：基于人口转型视角［J］.学
术交流，2018（12）：116-121.

［248］朱晟君，王翀.制造业重构背景下的中国经济地理研究转向［J］.地理科学
进展，2018，37（7）：865-879.

［249］朱宇.国外对非永久性迁移的研究及其对我国流动人口问题的启示［J］.人
口研究，2004（3）：52-59.

［250］邹德慈，李兵弟，周建军，等.城市土地扩展问题大家谈［J］.城市规划，
2004（7）：43-48.

［251］邹农俭.农民工如何市民化［J］.江苏社会科学，2013（2）：34-38.

［252］翟振武，陈佳鞠，李龙.2015～2100年中国人口与老龄化变动趋势［J］.人
口研究，2017（4）：60-71.

［253］邬民乐.劳动生产率增长与人口老龄化的应对研究［D］.复旦大学博士学
位论文，2008.

［254］曾毅.中国人口老龄化的"二高三大"特征及对策探讨［J］.人口与经济，
2001（5）：3-9.

［255］钟水映，余远.人口老龄化、人力资本结构对区域产业升级影响的实证分
析［J］.统计与决策，2017（16）：100-104.

附录：调查问卷

东莞市外来人口问卷调查

尊敬的女士 / 先生：

为了解外来人口在东莞市就业、生活情况，以及对成为"新莞人"的态度意愿，我们专门对外来人口的基本情况进行问卷调查，希望通过大家共同的努力让东莞发展得更好！问卷采用不记名方式，调查问卷仅用于研究，请您根据自己的实际情况如实填写即可。衷心感谢您的帮助与合作！

第一部分　基本信息

1. 您的性别：
   A. 男　　　　　　　　　　　B. 女

2. 您的出生年份：＿＿＿＿＿＿

3. 您的文化程度：
   A. 未上过学　　　　B. 小学　　　　　　C. 初中
   D. 高中 / 中专 / 职校　E. 大学专科　　　F. 大学本科
   G. 研究生及以上

4. 您的婚姻状况：
   A. 未婚　　　　　　B. 已婚（B1. 东莞户籍配偶 /B2. 非东莞户籍配偶）
   C. 离异　　　　　　D. 丧偶

5. 您家共有几口人：共＿＿＿＿＿人（仅限父母、配偶、子女、孙子女）

6. 您的户籍所在地为＿＿＿＿省＿＿＿＿市＿＿＿＿县（区）

7. 您的户口类型是：
   A. 农业户口　　　　　　　　B. 非农业户口

8. 您平均每月的工资是：
   A. 2000 元以下　　　B. 2000～3000 元　　　C. 3000～4000 元
   D. 4000～5000 元　　E. 5000 元及以上

9. 您外出务工的目的（多选）：

    A. 到城市见见世面

    B. 养家糊口

    C. 不愿意在农村发展，换个发展环境，实现自己才能

    D. 边打工边学本领，回乡好发展

    E. 跟着他人一起出来打工，没有明确目的

    F. 其他

第二部分　在莞情况

10. 您来到东莞后，是否到相关部门进行过外来人口居住登记：

    A. 是　　　　　　　　　　　B. 否，主要原因是：

11. 您来东莞打工或工作多久了？

    A. 1 年以内　　　　　B. 1～3 年　　　　　C. 3～5 年

    D. 5～7 年　　　　　E. 7～10 年　　　　　F. 10 年及以上

12. 您来东莞期间，换工作的次数是多少？

    A. 0 次　　　　　　　B. 1 次　　　　　　　C. 2 次

    D. 3 次　　　　　　　E. 4 次　　　　　　　F. 5 次及以上

13. 您的职位类型：

    A. 普通工人　　　　　　　　B. 技术工人

    C. 基层管理人员　　　　　　D. 中高层管理人员

14. 您从事的行业是：

农业	A. 农、林、牧、副、渔业
制造业	B1. 电子信息制造业　B2. 机械及设备制造业　B3. 纺织服装鞋帽制造业 B4. 食品饮料加工制造业　B5. 造纸及纸制品业　B6. 玩具及文体用品制造业 B7. 家具制造业　B8. 化工制品制造业　B9. 包装印刷业、建筑业
服务业	C1. 批发零售业　C2. 住宿餐饮业　C3. 交通运输业　C4. 计算机服务业 C5. 金融业　C6. 房地产业　C7. 商贸服务业　C8. 教育　C9. 党政团体

15. 除工资及基本社会保障外，哪些方面会影响您对企业的选择？（多选）

    A. 住宿条件　　　　　B. 工作时间　　　　　C. 带薪假期

    D. 上网设施　　　　　E. 体育及娱乐设施　　　F. 其他

16. 您每天工作时间：

    A. 8 小时以下　　　　　　　B. 8～10 小时

    C. 10～12 小时　　　　　　　D. 12 小时及以上

17. 您主要是通过下列哪种方式获得工作：

    A. 学校毕业直接分配

    B. 单位现场招工应聘

    C. 父母亲戚帮助介绍

    D. 老乡、朋友帮助介绍

    E. 公共就业服务机构、职业中介机构介绍

    F. 报纸、网络、电视等招聘信息

    G. 其他方式

18. 来东莞后，您有没有参加过就业培训：

    A. 有，一共参加了＿＿＿次　　　B. 无

19. 您的家人中，共有几个人和您一起来莞？

    A. 0 人　　　　　　　　B. 1 人　　　　　　　　C. 2 人

    D. 3 人　　　　　　　　E. 4 人及以上

20. 您的家人生活居住（在对应选项打"√"即可）：

家庭成员	在东莞	在老家	在外地	状态	
父母				工作（　　）	在家（　　）
配偶				工作（　　）	在家（　　）
子女				工作（　　）	上学（　　）

21.（带子女者选答）您在东莞工作多久后，将子女带至东莞？

    A. 1～3 年　　　　　　　　B. 4～6 年

    C. 7～9 年　　　　　　　　D. 10 年及以上

22.（带子女者选答）您的子女义务教育情况是：

    A. 在老家学校接受教育

    B. 在务工地公办学校接受教育

    C. 在务工地民办学校接受教育

    D. 未接受教育

23.（带子女者选答）假如有将子女送回家乡接受义务教育的情况，请问是什么原因？

    A. 生活成本　　　　　　　　B. 教育成本

    C. 没有学位　　　　　　　　D. 没时间或没人照顾孩子

    E. 其他＿＿＿＿＿（请注明）

24.（带老人者选答）您在东莞工作多久后，将老人带至东莞？

    A. 1～3 年　　　　　　　　B. 4～6 年

C. 7～9年　　　　　　　　　D. 10年及以上

25. 您现在居住在：

A. 单位宿舍　　　　　　　　B. 独租房

C. 合租房　　　　　　　　　D. 自购房

E. 寄居亲友或雇主家　　　　F. 其他 _____（请注明）

26. 您一年内往返东莞和家乡多少次？

A. 0次　　　　　　B. 1次　　　　　　　　　C. 2次

D. 3次　　　　　　E. 4次及以上

27. 您日常休闲娱乐去哪里？

A. 厂区内　　　　　　　　　B. 社区范围内

C. 镇街　　　　　　　　　　D. 周边城镇（莞城、虎门、深圳）

28. 您日常购物消费去哪里？

A. 厂区内　　　　　　　　　B. 社区范围内

C. 镇街　　　　　　　　　　D. 周边城镇（莞城、虎门、深圳）

29. 您参加的保险类型有哪些？（多选）

A. 新型农村合作医疗　　　　B. 养老保险

C. 医疗保险　　　　　　　　D. 失业保险

E. 生育保险　　　　　　　　F. 工伤保险

G. 住房公积金　　　　　　　H. 其他

30. 您平时享受到的基本公共服务有哪些？（多选）

A. 免费的计生服务　　　　　B. 子女公办入学

C. 就业援助　　　　　　　　D. 医疗卫生

E. 住房保障　　　　　　　　F. 基本权益维护

G. 无

31. 您觉得您是哪种类型的人？

A. 外地人　　　　　　　　　B. 既是外地人又是东莞人

C. 新莞人　　　　　　　　　D. 东莞人

32. 您觉得影响您对东莞归属感的原因有哪些？（多选）

A. 语言因素　　　　　B. 生活安全感　　　　　C. 社区关怀

D. 与当地人沟通　　　E. 社区活动

第三部分　市民化意愿

33. 您是否愿意长期留在东莞？

A. 非常愿意　　　　　B. 愿意　　　　　　　　C. 无所谓

187

D. 不太愿意　　　　　E. 很不愿意

34. 如果您打算留在东莞，您预计自己将在东莞留多久？

　　A. 一直留在东莞　　　　　B. 退休后回老家

　　C. 在莞工作一段时间　　　D. 不确定

　　E. 其他 _____（注明）

35. 您是否考虑在东莞买房？

　　A. 没考虑买房　　　　　　B. 5年后再考虑

　　C. 3～5年内会考虑　　　　D. 1～2年内会考虑

　　E. 已购房产

36. 您是否愿意将户口迁入东莞？

　　A. 愿意　　　　　B. 不愿意　　　　　C. 无所谓

37. 您愿意将户口迁入东莞的原因是什么？（多选）

　　A. 有更多的就业机会　　　B. 有更好的社会保障

　　C. 收入高，生活水平更好　D. 子女能接受更好的教育

　　E. 精神文化生活丰富多彩　F. 其他 _____（请注明）

38. 您不愿意将户口迁入东莞的原因是什么？（多选）

　　A. 生活成本高，生活压力大　B. 技能不足，就业没有保障

　　C. 难以融入东莞　　　　　　D. 城市房价太高，买不起住房

　　E. 不愿意放弃农村土地　　　F. 更喜欢农村闲适生活方式

　　G. 其他 _____（请注明）

39. 您有听说过相关入户政策吗？

　　A. 无

　　B. 仅听过积分制入户政策

　　C. 仅听过人才准入类入户政策

　　D. 两个政策都听过

40. 您更倾向于哪种方式来享受东莞的公共服务？

　　A. 积分入户　　　　　　　B. 条件类入户

　　C. 办理居住证　　　　　　D. 其他

41. （选答题）您认为目前申请积分入户政策有哪些问题？（多选）

　　A. 申请程序过于复杂，材料准备困难

　　B. 加分门槛太高，本身优势不明显

　　C. 宣传力度不足，对政策不了解

　　D. 其他 _____

42.（选答题）您认为目前申请条件准入类入户政策有哪些问题？（多选）

    A. 申请程序过于复杂，材料准备困难

    B. 加分门槛太高，本身优势不明显

    C. 宣传力度不足，对政策不了解

    D. 其他 _____

---------------------以下部分由访员负责填写---------------------

问卷编号：   调研员：

调研地点：

调研时间：____ 月 ____ 日

开始问卷时间：____ 时 ____ 分   结束问卷时间：____ 时 ____ 分

后 记

　　书稿即将完成，思虑万千。本书是笔者在中山大学读博期间，先后负责或参与了城市人口相关课题的调研，踏遍了珠三角九市各县，收集了千万条数据，访谈了百余个企业、单位和村社，历时五年之久的调研、思考，最后整理成册。

　　能获取如此大量的第一手数据资料，得益于读博期间导师李郇教授的指导和支持。在北方生活学习了30多年，始终想到改革开放的前沿——广东去体验和学习一段时间，在大学好友建军的推荐下，有幸跟随李郇教授攻读博士。导师李郇教授始终告诉我们，科学研究源于科学问题，问题源于实践，一定要深入城乡，在调查中发现问题，在数据中发掘规律和事实，因为数据不会说谎。

　　研究成果得益于有一个好的团队。中山大学的地理科学与规划学院培养学生的模式很有特点，以导师为核心形成工作室，既有年轻教师和科研人员，也有博士研究生、硕士研究生和本科生，导师根据每个同学的兴趣和背景，有针对性地给学生设计研究方向。我有幸加入到城市人口方向，在我们这个方向先后有刘炜博士、江滨博士、程乐博士、志威博士、小珍博士和后面的博士生，及每届三四个硕士研究生和三五个本科生，李郇教授先后争取到"珠三角全域规划""东莞城市总规划""东莞新型城镇化研究""东莞人口市民化研究""基于东莞劳动力大数据的公共服务需求研究"等项目，在项目的支持下，通过团队持续的调研、积累和传承，近10年来先后有10余名博士和10余名硕士顺利毕业，也有一批高水平的科研成果。

　　感谢李郇教授、李志刚教授、刘晔教授等老师在本书撰写中的指正和修改建议，使研究和内容更严谨、规范，让我感受到中山大学地理科学与规划学院的底蕴和学人的品质；感谢李志刚教授、刘晔教授在写作过程中给予的指导和建议，使研究更加科学和深入；感谢杜志威、郭友良、谢石营、秦小珍、许伟攀、邓嘉怡、秦雅文、郑莎莉等同学在写作过程中的支持和帮助！感谢在一起读书、学习、研讨中有各位的努力和声音，道恒是求真存善尚美的学术团队，是永远值得我们付出、努力、自豪和相守的共同体。

　　感谢妻子王璐女士、我的父母和家人，感谢他们的理解、支持、鼓励和分担。

李先锋

2022 年 9 月

于北方民族大学